T0355657

Cruzando la Meta

*Por que la vida
es como un viaje.
Es como un maratón*

Luis Vargas

Cruzando la Meta
POR QUE LA VIDA ES COMO UN VIAJE. ES COMO UN MARATÓN

iUniverse books may be ordered through booksellers or by contacting:

iUniverse
1663 Liberty Drive
Bloomington, IN 47403
www.iuniverse.com
1-800-Authors (1-800-288-4677)

ISBN: 978-1-6632-0106-5 (sc)
ISBN: 978-1-6632-0107-2 (e)

Library of Congress Control Number: 2020909917

Print information available on the last page.

iUniverse rev. date: 08/26/2020

Cruzando la Meta

Porque la vida es como un viaje.
Es como un maratón
Por Luis Vargas

Tabla de contenido

CRUZANDO LA META viii

INTRODUCCIÓN xiv

Chapter 1 LA BASE 1

    Motivación 1

    Inventario Personal 8

    Bon Appetit 12

    Nuestra Mente 15

    Sin Miedo 19

    Hábitos 21

Chapter 2 CONSTRUYE 34

    Preparación 34

    Forma 39

    Te Necesito 43

    Biomecánica 47

Chapter 3 ENTRENAMIENTO DE VELOCIDAD 56

    Economía al Correr 56

    Kaizen 59

    Un Mentor, un Entrenador 62

Chapter 4 LA CARRERA 71

    26.2 71

    Nada puede detenernos 74

    Montate 79

    Esta es mi carrera 81

    Visualiza el éxito 86

Chapter 5 CORRIENDO CON UN PROPÓSITO 93

    El propósito comienza con gratitud 93

    Nuestra carrera en la vida 97

    Nada es demasiado pequeño 101

    Lo que Vemos Comenzó con lo que no Vemos 102

    Pasa la Bendición 104

    Mantente hidratado 107

Chapter 6 SIN EXCUSAS 113

    No hay limitaciones 113

    Demasiado Joven 115

    Demasiado Viejo 116

    Rompiendo el muro oscuro 119

Chapter 7 LA LÍNEA DE META 125

    7 estrellas que se convirtieron en 8 125

    Sonríe al mal tiempo 129

    Date un descanso 131

    Te veo 133

    La carrera más bella 134

Trabajos citados 138

CRUZANDO LA META

Dedicación

Dedico este libro a "Amigos en Entrenamiento" (FIT= Friends in Training) por derramar amor y dedicación a mí y a muchos otros. La gente de FIT, con su trabajo duro ha ofrecido motivación y apoyo a cientos de corredores, mejorando sus vidas, asumiendo retos, cruzando con ellos la línea de meta. Amigos en Entrenamiento es uno de los mayores clubes de corredores del sur de la Florida. Durante más de 20 años, FIT ha llevado la salud física y mental a muchos corredores y caminantes de todas las edades.

Agradecimientos

Quiero dar las gracias a Luis Aguilar, Marisa Markowicz, Christina Quadra, Adrián Gándara, José Yamamoto, Verónica Rodríguez, María Beatriz Maiello de Krstonosic, Madeline Proano, por su contribución y por permitirme compartir sus propias historias, historias de pasión, compromiso, determinación y resistencia. Ustedes son ganadores.

Gracias a Alexandra Ardila y su organización Biblio-Bicicleta, Ernie Tanner y su organización Helimission, y al Dr. John Sherman y su organización CHIA (*Christian Hands In Action*) Manos Cristianas en Acción, por permitirme compartir sobre su trabajo con comunidades remotas y su pasión que ha marcado su carrera en la vida. Han puesto la vida de otros delante de tu propia vida. Ustedes son Campeones.

Mi gratitud a todos los amigos de FIT, Corredores Sur Florida, Club de Corredores Pura Vida, Compañía iRun, Club de Corredores Weston y Club de Corredores 1,000 Millas por compartir conmigo muchas millas a lo largo de las carreteras, caminos, parques y puentes en todo tipo de carreras. Ustedes son victoriosos.

Reconocimientos especiales a Marcela Todd, Ana Maria Villegas y Luis Tovar por compartir su sabiduría, talentos y motivación conmigo. Ustedes han trabajado duro para lograr muchas metas pero al hacerlo, siempre animan a otros a ser mejores y a alcanzar sus propias metas. Ustedes son inspiración.

Estoy agradecido a mis hijos David, Faith y Grace, la razón de mi existencia, por su constante estímulo. David, puedes destruir cualquier gigante en tu camino, elevarlo para ser un rey. Faith, puedes creer en lograr lo imposible y si lo haces, lo harás. Grace, tienes un toque especial de Dios, un carácter amoroso que te permitirá desarrollar todo tu potencial. Ustedes son guerreros.

Mi infinita gratitud a Dios, por darme una segunda, una tercera y muchas oportunidades cada día. Me has creado, has vivido y muerto por mí. Has sido mi entrenador, mi inspiración, mi apoyo y mi compañero de carrera. Tú has creado mi carrera. Tú has sido mi camino y eres mi meta. Eres magnificente.

Las mejores carreras son los momentos que te permiten ver lo maravillosa que es la vida.

Friends in Training

"Lo hice. Me sorprendí a mí misma. No estaba segura de poder aguantar hasta el final, pero lo hice. Tanto esfuerzo y tanto dolor, pero tengo tanto amor por lo que hago."

Foto de Ana Maria Villegas

Foto de Ana Maria Villegas

INTRODUCCIÓN

La ciudad de Nueva York, una ciudad hermosa, un lugar que me trae la música a la mente, "Un corazón en Nueva York", "Nueva York Groove", "Estado de mente Nueva York", y Frank Sinatra con su "Nueva York, Nueva York". Un lugar que me trae a la mente olores, pretzels, una rebanada caliente de pizza neoyorquina, helado y comida china de China Town. Nueva York, un lugar que me trae a la mente grandes vistas, los Jets, los Yankees, el desfile de Macy's, la cuenta atrás de la víspera de Año Nuevo, la Estatua de la Libertad, y por supuesto, la Quinta Avenida, la calle más cara del mundo. He visto desfiles en la Avenida. He visto la Avenida en películas. He visto adornos de Navidad en la Avenida. Pero esta vez la avenida se veía diferente; yo estaba en el medio de la avenida corriendo hacia *Central Park* con más de 53,000 corredores. El cielo era azul y el sol brillante era amarillo. Las hojas estaban repletas de colores otoñales de rojo y marrón, haciendo que la Quinta Avenida pareciera una calle de honor que conducía a la línea de meta, algo para lo que entrené muy duro.

Lo logré - ¡crucé la línea de meta! Completé una de las más grandes carreras del mundo, el Maratón de la Ciudad de Nueva York. Miré a mi alrededor y vi corredores cruzando la línea, algunos levantando sus brazos, otros llorando, otros saltando, cada uno de ellos llevando su propia historia. Historias de sacrificio, determinación y persistencia. Ahora, quiero compartir con ustedes mi historia, la historia de los ganadores que conozco, y cómo superamos los contratiempos que la vida nos había arrojado.

¿Has pensado alguna vez sobre tu carrera en la vida y a dónde te lleva tu viaje? ¿De dónde vienes y a dónde vas? La vida es un viaje. Y como un maratón, está lleno de momentos difíciles que agotan tus fuerzas. Sin embargo, hay momentos en los que estás tan emocionado y alegre que no puedes contener tu felicidad. Bailas, lloras, ríes, te duele, te sientes orgulloso de tus seres queridos o triste por una pérdida. Encontré interesante comparar la vida con un maratón a través de la historia de mis amigos e individuos normales que Dios ha traído a mi vida. Facilitadores y motivadores de sueños que influyen en las personas y crean un ambiente de positividad dondequiera que vayan. Estas son las personas que ven el vaso medio lleno y no medio vacío en medio de situaciones difíciles.

Después de terminar la última curva en Central Park, crucé la línea de meta. Y aunque apenas podía caminar, estaba emocionado de ver que mi medalla me estaba esperando. Sólo el 1% de la población estadounidense corre un maratón, y sólo el 1% de ellos corren el Maratón de Nueva York. Es una sensación increíble ser uno de ellos, así que llevo mi medalla con orgullo. Sin embargo, cuando empecé a caminar, me dolían mucho los tendones isquiotibiales. No era un dolor de calambres, sino un dolor de esfuerzo. Me detuve por un segundo y me incliné para masajear mis músculos y tratar de aliviar la sensación. Dos paramédicos se acercaron a mí, me dieron medicinas para el dolor y me guiaron a la tienda de la Cruz Roja. Me hicieron acostar en una de las muchas camillas alineadas. Un fisioterapeuta, me dio un masaje y estaba listo para seguir adelante. En la carrera que llamamos vida, a veces tenemos momentos de dolor, necesitamos parar, recuperarnos, sanar y seguir adelante. No vamos a volver, sólo estamos haciendo una pausa, reagrupándonos y recuperando fuerzas.

¿Has visto la foto de un mono que empieza a caminar y se va transformando paso a paso hasta convertirse en un hombre; una de esas fotos de "evolución"? Bueno, me sentí así. Salí de la tienda con una bolsa de hielo en la rodilla, un masaje fresco en las piernas y comencé a caminar lentamente. Es increíble cómo se recupera el cuerpo. A medida que caminaba hacia el hotel, mi cuerpo se estaba poniendo en forma, el dolor se fue gradualmente y comencé a caminar con normalidad. En un par de horas, tuve que hacer las maletas, ir al aeropuerto, volar a Carolina del Sur y estar listo para trabajar al día siguiente. Cuando me desperté al día siguiente, estaba trabajando aún mejor que antes y estaba totalizando la satisfacción de haber logrado algo que antes parecía imposible.

Cuando di la última vuelta para entrar en Central Park, la emoción llenó mi corazón. Estaba a pocos metros de la línea de meta. Terminé con un tiempo de 3:48, un récord personal. No está tan mal, considerando que sólo tres años antes no era capaz de correr ni siquiera tres millas. En ese momento, fui coronado como el ganador de la reunión de la Fuerza Aérea Colombiana con la barriga más grande de la clase. He hecho algunos progresos, pero el progreso no fue de la noche a la mañana. Fue una acumulación de pequeños cambios, de entrenamiento constante y de pequeñas decisiones diarias. El precio de tal dedicación es grande, pero la recompensa por todas esas pequeñas decisiones cambia; es un efecto combinado. Somos producto de pequeños cambios y decisiones que ocurren en nuestras vidas, día tras día. Por eso necesitamos mantener nuestras prioridades diarias y establecer objetivos diarios.

Los últimos 800 metros de la carrera fueron agotadores, mi corazón estaba fuerte, y aunque mis piernas no respondían, estaban ardiendo. Las palabras que me vinieron a la mente fueron: "Corre el primer 3/4 de la carrera con tu cabeza, y el último 1/4 de la carrera con tu corazón". Ahí es donde ocurren los verdaderos cambios; en tu cabeza y en tu mente. Cada pensamiento tiene una consecuencia, por lo que debes escuchar a tu corazón y seguir tus instintos. Sabía que tenía que luchar. Mis piernas querían rendirse, pero yo no iba a dejarlas. Ordené que mis brazos se balancearan con fuerza y que activaran esas piernas. Si iba a morir, lo haría después de la línea de meta, no antes.

La vida no es un sprint, es un maratón. Este libro compara un maratón con la vida y debe ofrecer un mensaje de esperanza y desarrollo personal para ti, aunque no corras. A veces sientes que tienes que abrirte camino hacia la cima. Has ahorrado, trabajaste duro, y las cosas parecían ir en la dirección correcta. Pero a veces la vida se vuelve contra ti. Tal vez recibiste una noticia inesperada, te despidieron, un contrato que fue cancelado, o un problema de salud, y ahora te estás moviendo cuesta abajo. Como la vida, este famoso maratón tiene sus altibajos. La última mitad de la maratón de Nueva York fue una constante subida, por lo que es difícil ver con los ojos dónde está la línea de meta. Puedes sentir los efectos por todas partes, a veces las cosas empiezan a deteriorarse, y cuando te das cuenta de que son diferentes, es demasiado tarde. Te ves a ti mismo y dices: "¿Qué pasó? ¿Cómo llegué aquí?"

Nueva York es considerada una carrera dura debido a los altibajos de los puentes. El puente de Queensboro en la milla 16, fue el que casi me mata. Mantenía un gran ritmo de 8 minutos por milla, pero para cuando salí del puente, se había reducido a 11. Fue una subida dura y larga; tuve que empujar mi cuerpo y mi mente, aunque no estaba seguro de que lo lograría.

Dejamos Queensboro y giramos hacia el puente. Corrimos en la primera cubierta del puente y estaba en silencio. Sólo podíamos escuchar el ruido de los zapatos golpeando el asfalto. Teníamos que subir y subir, y parecía que casi no íbamos a terminar. A veces nos enfrentamos a esas situaciones en la vida que parece que van a durar para siempre, como si nunca fueran a terminar. Pero es fundamental recordar que todo tiene una temporada. Después del frío invierno donde no hay hojas en los árboles, llega la primavera, ofreciendo nueva vida, nuevas flores y nuevo follaje. Si estás en medio de tu invierno, anímate, tu primavera llegará.

Cuando llegamos a la cima del puente, sentíamos que habíamos ganado la carrera allí mismo. Y luego, el camino hacia abajo, fue relajante y emocional. De repente, pudimos escuchar de nuevo las aclamaciones de la multitud, ver las sonrisas de la gente y escuchar la música de las bandas que tocaban; qué espectáculo tan maravilloso. La vida es así, si no tienes altibajos, es porque eres como un muerto que camina. Hace unos años vivía como un zombi, como muchos viven hoy en día. Iba y venía de casa, al trabajo, a casa, viendo los mismos programas de televisión, sentado en la misma silla. Sólo para repetir lo mismo al día siguiente. Ahora, estoy lleno de vida con un futuro brillante lleno de sueños y aspiraciones. Quiero compartir con ustedes cómo el cambio llegó a mi vida y espero inspirarlos y motivarlos a ser la mejor versión de ustedes mismos.

¿Alguna vez te has preguntado qué puedes comparar con tu viaje en la vida? Tengo un amigo, Rodrigo, que acaba de terminar su MBA. Su esfuerzo y dedicación me recordaron lo mismo que tuve que poner en mi viaje en la vida. Dijo que la mejor comparación que tenía con la realización de su MBA es con un maratón. Necesitas perseverancia, consistencia, tener la mente en la meta, y aguantar durante las últimas millas.

Antes del puente de Queensboro, estábamos en Queensborough. Estaba tan lleno de gente de muchos orígenes y nacionalidades que nos animaban. La vida era buena; era como si el piloto automático estuviera involucrado. Mi ritmo era bueno, estaba cómodo, no esperaba que las cosas fueran a cambiar en el puente de Queensboro. A veces todo funciona bien, todo parece estar en su lugar y la rutina es normal. No hay preocupaciones, pero no todo sale como queremos. EL banco va a posesionarse de la casa, una relación que resultó mala, la enfermedad se extendió a la familia. ¿Qué hacemos? Sigue avanzando. No te rindas y confía en Dios. Cuando las cosas van bien, disfrútalo, disfruta cada momento, cada segundo. Disfruta del amanecer, del sol, del parque, disfruta de tus hijos, de tus amigos, disfruta de lo que te gusta hacer. Diviértete, vive en el aquí y ahora. Pero cuando las cosas cambien y de repente tu camino tome una nueva dirección, y haya un obstáculo delante de ti, como un puente alto, toma coraje, confía en Dios y sigue adelante. Después de cada tormenta vendrá la calma, la luz brillará al final del túnel.

Borough Park en Brooklyn fue una parte de la carrera que realmente disfruté. Corrí junto a la gente y levanté las manos para que me animaran. No los conocía, pero su energía me daba energía a mí. Si tienes energía, da buena energía. Lo que das, lo recibirás a cambio, si das una sonrisa, recibirás una sonrisa, si das amor, recibirás amor. Cosechas lo que siembras.

La mejor foto que he visto del Maratón de Nueva York es una foto aérea sobre el puente Verrazano-Narrows, mostrando el puente lleno de los corredores mientras cruzaban las primeras dos millas de la carrera. En contraste con el puente de Queensboro en la milla 16, este es un puente para disfrutar. El ascenso es fácil pero el descenso trata de engañarte; si no mantienes el ritmo, terminas yendo demasiado rápido sin darte cuenta. A veces vamos demasiado rápido, necesitamos ir más despacio, tomamos decisiones rápidamente, queremos las cosas rápidamente, y queremos resultados rápidamente. El antídoto para esto es la paciencia. ¿Alguna vez has tomado un atajo en la vida porque crees que eso te va a llevar más rápido, y luego descubres que fue peor de lo que esperabas? Una de las cosas más importantes de mi vida, y que todavía estoy aprendiendo, es ir más despacio. De alguna manera, pensamos que estar ocupado es ser productivo. Tratamos de conseguir un tiempo de calidad con nuestra familia y amigos y encontramos estas palabras en el camino: "Lo siento, estoy muy ocupado, lo haremos más tarde". Es como si la gente quisiera parecer más importante o más profesional porque están más ocupados. Hay mucho que aprender de los japoneses; les gusta ir más despacio. Si tienes una reunión con hombres de negocios japoneses, puede que te sientas irritado por el aspecto que tienen de dormirse mientras toman decisiones. Lo piensan, lo meditan, lo evalúan y escuchan sus corazones. Por el contrario, vemos a la gente tomando decisiones en fracciones de segundo y apresurándose. Tómate tu tiempo, disfruta de tu comida, de tu compañía, del sol, del paseo, de la naturaleza o de los edificios. Disfruta de todo.

Antes del puente de Verrazano, fue el comienzo. Las expectativas, la preparación; ¡Esto es todo! Resultó ser un día hermoso, la carrera estaba por delante, pero sentí que ya había ganado. En el momento en que presioné el botón de mi reloj y di el primer paso sobre la línea de salida, gané. No pensé en las 26.2 millas que había adelante. No pensé en que mis piernas se rendirían. Sólo lo hice, di el primer paso, y estaba avanzando.

La noche antes de la carrera estaba en el ferry a Staten Island, el agua en la noche brillaba con la luna llena y la vista de la Estatua de la Libertad era impresionante; es una de mis vistas favoritas de Nueva York. Este fue mi tercer gran maratón mundial. Apenas dos semanas antes del Maratón de Nueva York, corrí el Maratón de Chicago, y el año anterior corrí mi primera carrera en Berlín. He visto muchos lugares hermosos; Nueva York con la Estatua de la Libertad, un hito que significa libertad, Berlín con el muro, un hito que significa cautiverio. Tengo mi libertad y no tiene precio, no puedo quejarme. Estoy sano, mejor que millones de personas a las que sólo les queda una semana de vida. Hay comida en mi mesa. Tengo ropa. Una cama para dormir y un techo sobre mi cabeza. Soy más rico que el 75% del mundo. Tenemos que mirar el vaso medio lleno, no medio vacío. Necesitamos cambiar la forma en que vemos las cosas. Eso es la liberación y la libertad. Soy creado igual. Mi Creador me ha dotado del derecho a la vida, a la libertad y a la búsqueda de la felicidad, algo que dice la Declaración de Independencia. Es lo que declaro en mi vida todos los días.

El ferry a Staten Island es gratis. Para muchas personas, esto significa la oportunidad de hacer algo emocionante, de descubrir nuevas cosas y una forma de disfrutar de su libertad. Para otros podría ser sólo otro aburrido paseo para ir a su aburrido trabajo que tal vez no pueden soportar, podría ser la manera de volver a casa donde una lucha diaria está esperando, un camino a su cautiverio. Para mí fue una forma de conectar el pasado en cautiverio con el presente en libertad, una forma de disfrutar de la libertad y de recordar de dónde vengo. Una manera de conectar mi tercer maratón mundial en Nueva York y la estatua de la libertad que representa la libertad con mi primer maratón mundial en Berlín y el muro, un recuerdo del cautiverio. Permítanme compartir con ustedes mi viaje del cautiverio a la libertad, del muro del cautiverio a la antorcha de la libertad...

"Correr no se trata de ser mejor que otra persona. Se trata de ser mejor de lo que tú eras antes."

Foto de Luis Tovar

"Correr me ha enseñado a ser paciente e inteligente. Puede que no ocurra en tu tiempo, pero ocurrirá en el momento adecuado. Apresurarse y empujar demasiado sólo puede hacerte daño."

Foto de Ana Maria Villegas

"Mi temor mas grande en el correr era tener una Carrera mala, o un entrenamiento malo. Pero con el tiempo aprendí que fallar era inevitable, no dejes que eso entre a tu corazón. Aprende y usa eso como combustible para la próxima

Foto de Ana Maria Villegas

Capítulo 1.
LA BASE

Motivación

Cuando viví en Miami en 1992, experimenté de primera mano la fuerza del huracán Andrew. Estaba viviendo con unos amigos de España y decidimos quedarnos en la casa para cuidarla. El ruido y los temblores eran como si un tren pasara justo al lado de la casa. Escuchamos el ruido de los árboles cayendo sobre las casas, y entonces, de repente, llegó un período de calma y un cielo azul. Era el ojo del huracán. Salimos y lo que vimos a nuestro alrededor fue doloroso, muchas casas fueron destruidas. Las vidas de todos cambiaron en un día.

Muchos códigos de construcción fueron cambiados para las nuevas casas en Florida debido al huracán Andrew, haciendo los cimientos y la estructura de las casas más fuertes para resistir los huracanes.

En la costa de Luisiana, las casas se construyen sobre pilotes para mantener los edificios por encima de las aguas de inundación. Son la base de la casa y proporcionan apoyo, pero si uno de esos pilotes se rompe o falta, toda la casa se ve comprometida. Es como una mesa que necesita cuatro patas para estar de pie.

En la vida, necesitamos marcos fuertes y una base sólida en seis áreas diferentes: aptitud física, salud, relaciones, espiritualidad, economía y nutrición.

Encontramos el equilibrio en nuestras vidas si esos cimientos son fuertes, pero si uno de ellos falla, no viviremos nuestras vidas a su máximo potencial.

La verdadera motivación es cuando encuentras tu propósito en la vida, o la razón por la que fuiste creado. Si conoces tu propósito en la vida, entonces será tu motivación para las seis áreas de tu vida.

Vivimos en abundancia cuando vivimos en el lugar donde el propósito, los talentos y la ayuda a los demás se cruzan en el camino. Cuando vivimos en ese lugar, podemos establecer nuestras prioridades de salud, tiempo, espíritu, provisión y relaciones mientras orbitan alrededor de su propósito. Si entiendo cuál es mi propósito, puedo estar rodeado de personas que se identifican con mi propósito, puedo organizar mi tiempo de acuerdo a mi propósito, puedo ser proactivo para que mi cuerpo me permita cumplir mi propósito, y puedo alimentar mi espíritu para discernir, para tener paz y estar en sano juicio para mi propósito.

Un día, mi amigo Luis, pasaba tiempo con sus hijos. Estaban en el parque probando las nuevas bicicletas con ruedas de entrenamiento que él les consiguió. Se sintió triste al ver que debido a su condición física, no podía seguir el ritmo de los niños. Cuando trató de correr sosteniendo la bicicleta de su hijo mientras trataba de pedalear por sí mismo, se vio sin aliento, cansado y lento debido a su condición física. En ese momento, decidió cambiar. Su motivación eran sus hijos, su propósito en la vida. Ahora, Luis es un corredor increíble. Es fuerte y completó su primer maratón en 4 horas. Corrió su segundo maratón sólo dos semanas después del primero. Trabajamos juntos para construir su base, y para añadir volumen y velocidad a su carrera. Requería muchas horas de entrenamiento, pero no podríamos haberlo hecho si no fuera por su motivación.

Inicialmente, mi motivación era tener energía, perder peso, liberar el estrés y ser una mejor persona en cada área de mi vida. Quería tener éxito. Ahora mi motivación es ayudar a tantas personas como pueda con mis talentos. Hago metas, y a medida que las cumplo, hago más metas. Pueden ser metas en diferentes áreas de la vida o dentro de la misma. Uno de los objetivos que me propuse fue correr los seis maratones más importantes del mundo, y eso comenzó en Berlín.

Esa mañana de septiembre de 2017, me desperté para ponerme el equipo que había preparado la noche anterior. Abrí las cortinas y vi las calles de Berlín cubiertas por una ligera llovizna; la temperatura, incluso en el lado frío, era perfecta para la carrera. Las calles estaban vestidas con hermosas decoraciones, carteles para el Maratón de Berlín, mezclándose con otros carteles para los candidatos políticos que iban a ser elegidos el mismo día. Esta era la primera vez que iba a correr en uno de los seis grandes maratones mundiales. Mientras que todavía tenía otras ciudades para correr como Chicago, Nueva York, Londres, Tokio; Berlín, fue el comienzo de un sueño que eventualmente se cumpliría.

Antes de salir del hotel para ir a la carrera, me reuní con mi grupo. Eran personas principalmente de España, pero otros eran de Perú, Colombia, EE.UU., los Países Bajos, República Dominicana y Brasil. El día anterior, todos llevamos los colores de nuestros países en el desfile de las naciones en el estadio olímpico de Berlín. Me sorprendí cuando vi la multitud de colores en armonía. Fue increíble que este fuera el mismo lugar donde la superestrella afroamericana, Jesse Owens, ganó sus cuatro medallas de oro en la cara de Hitler, incluyendo el relevo de 4x100 con sus sobresalientes 39,8 segundos, un récord que mantuvo durante 20 años. Tanta división racial era evidente en la década de 1930, pero ahora corríamos juntos - corríamos como hermanos. Cuando Jesse corrió, sintió la libertad. Para él, no era importante si alguien era diferente de otro. Lo único importante era ganar; para mí, aunque ganar es un gran logro, hay más de ganar que obtener el primer lugar. Entonces, ¿qué es ganar? ¿Es para romper el récord mundial? ¿Para romper tu propio récord? ¿Salir y decidir participar? ¿Para cruzar la línea de meta? ¿Qué es ganar y, más importante aún, qué es el éxito? Creo que el éxito es vivir la vida al máximo de tu potencial. Para encontrar tu propósito, tu proyecto de vida.

Encontrar la razón por la que estás en este mundo y tu pasión y vivirla, esa es la principal motivación para levantarse cada día, para comer mejor, para correr o hacer lo que te apasiona, para ayudar a la gente, para estar más cerca de nuestro Creador, El mismo que puso ese propósito en nuestros corazones.

La vida vale la pena cuando encuentras tu propósito. Cuando no sabes lo que es, y todo el mundo te dice lo que tienes que hacer, y no sabes qué creer, sigue tu corazón. Mark Twain dijo: "Los dos días más importantes de tu vida son el día en que naciste y el día en que descubriste por qué". En la clásica película navideña "Una Vida Maravillosa", George Bailey descubre cómo sería la vida sin él, se da cuenta de que forma parte de la vida de muchas personas. Su contribución fue su propósito. Incluso si tocas una vida, esa persona influye en otras que pueden, a su vez, influir en muchas otras.

Jesse Owens rompió el récord mundial, y eso fue un gran éxito, pero también inició una amistad con el mejor atleta de Alemania, su competidor Lutz Long. Durante los Juegos Olímpicos de 1936, a pesar de las críticas y de la presión del régimen nazi sobre Lutz, mostraron gestos de deportividad, amistad y empatía. Esa amistad fue un éxito. Lutz ayudó a Jesse a clasificarse para el salto de longitud. Cuando vio que Jesse tenía problemas para despejar la línea blanca, Lutz le dio a Jesse un consejo para que intentara algo diferente. En su tercer y último intento, Jesse vio a Lutz poner un paño blanco un paso antes de la línea blanca para mostrarle a Jesse dónde estaba su nueva marca. Luego, se quedó allí para ver a Jesse dar el salto y clasificarse para la competencia por la medalla de oro. Cuando Lutz vio a Jesse haciendo el salto ganador, corrió para felicitarlo y lo abrazó. Lo que Lutz hizo fue increíble; fue un acto de generosidad y bondad. Estar feliz por su competidor, en medio del mayor evento, en tiempos de tensión política y discriminación, eso es el éxito.

Dios nos creó a todos iguales y nos permite correr uno al lado del otro. Todos tenemos nuestra propia carrera, pero podemos correrla juntos. Algo notable acerca de FIT es que abarca la diversidad sin importar la edad, el nivel de condición física o el género. Cualquiera puede unirse a FIT y ser parte de una comunidad que se ayuda y se celebra mutuamente. Compartí la carrera en Berlín con algunos amigos de FIT. Me alegró mucho conocer a gente de todo el mundo que corría en el mismo evento. El Maratón de Berlín 2017 contó con 43.852 participantes de todo el mundo que se prepararon durante más de tres meses. Todos se levantaban temprano para correr kilómetros y kilómetros, tres, cuatro o cinco días a la semana. Todos coincidieron en el mismo lugar, agitando las manos al son de la música brasileña y haciendo la cuenta regresiva: Diez, nueve, ocho, siete, seis, cinco, cuatro, tres, dos, uno... ¡Adelante!

Nuestro hotel se encontraba a pocas cuadras del Checkpoint Charlie, una entrada al famoso Muro de Berlín, el punto de cruce entre Berlín Oriental y Berlín Occidental durante la Guerra Fría. Dejamos el hotel y pasamos junto a un trozo de muro de Berlín. Me dolía el corazón al pensar en las personas que trataban de escapar a Occidente para recuperar su libertad. El regalo más hermoso de Dios es la libertad. Se pagan tantos sacrificios y precios altos para que podamos disfrutarlo. Caminar por las calles de Berlín y ver el contraste entre el pasado y el presente me llenó el corazón de gratitud por la libertad de la que disfruto. Soy libre de adorar, de tomar mis propias decisiones y de buscar la felicidad.

Nos dirigimos a la Puerta de Brandenburgo, donde Ronald Regan dio el famoso discurso "Derriben este muro". Llamó al líder de la Unión Soviética, Mijaíl Gorbachov, para abrir la barrera que había dividido a Berlín Occidental y Oriental desde 1961, marcando una nueva era de cambio. El Muro de Berlín impidió que se produjeran cambios durante muchos años, pero eso obligó a la gente a ser creativa a la hora de encontrar formas de escapar. Tenemos muros en nuestras propias vidas que nos impiden el cambio, pero podemos derribar esos muros con creatividad y fe. A veces, la única forma en que la gente se vuelve creativa es cuando se golpea contra un muro. Pueden sentir que la pared no se romperá. Pueden renunciar y no hacer nada, convirtiéndose en conformistas, o pueden encontrar maneras de romper el muro. Las paredes están ahí y es doloroso romperlas, pero si queremos reinventarnos, tenemos que lidiar con el dolor y seguir tratando de romperlo. Eventualmente las paredes caerán. Dios nos dio la fuerza para encontrar las grietas, para penetrar en las paredes y romperlas. Es estupendo cuando encontramos motivación de nuestro éxito y queremos construir sobre eso, pero a veces necesitamos encontrar motivación de las situaciones difíciles de la vida. Puede que veamos un muro a nuestro alrededor, pero tenemos que seguir presionando hasta que lo rompamos. Necesitamos encontrar la motivación en nuestros problemas. Los problemas no son problemas, son oportunidades.

En la Puerta de Brandenburgo, John F. Kennedy también pronunció su famoso discurso "Ich bin ein Berliner", que significa "Soy un berlinés". Me sentí como un berlinés, me identifiqué con la gente de Berlín. Berlín es una ciudad maravillosa con un estilo de vida deportivo y saludable. El día antes de la carrera principal, cientos de niños corrieron el Maratón Bambino. El maratón de patinaje en línea también se llevó a cabo. Fue increíble ver los grupos de patinadores presionando para llegar a la meta, algunos de ellos con moretones. Vi a un hombre con la cara cubierta de sangre después de caer, pero siguió adelante. ¿Qué le dio fuerzas para terminar después de una lesión así? Sólo podía ser tenacidad, determinación y auto-motivación. No importa lo difícil que pueda ser la carrera, no importa lo difícil que sea el problema, tenemos que seguir adelante y nunca rendirnos. Como dicen mis hijas: "La molienda nunca para" así que sigue trabajando. Seguimos avanzando hasta el final. Martin Luther King dijo: "Si no puedes volar, entonces corre. Si no puedes correr, entonces camina. Si no puedes caminar, entonces arrástrate. Pero hagas lo que hagas, tienes que seguir adelante".

La estatua de cuatro caballos que tiran del carro de la diosa de la victoria, la Cuadriga, sobre la puerta de Brandenburgo fue testigo de muchos acontecimientos mundiales. Ahora es testigo de los logros de miles de maratonistas. Fue testigo del cambio del entrenador Luis, que ha ayudado a muchos como yo a creer en sí mismos. Cuando Luis fue a la Maratón de Berlín, cruzó el portón al final de la carrera. Estaba llorando, y había estado llorando desde el kilómetro 35. No lloraba de dolor sino de emoción por lo que ese logro significaba para él. Fue un cambio que comenzó unos años antes. Cuando cruzó la puerta de Brandenburgo, tuvo la seguridad de que iba a cruzar la línea de meta por debajo de las seis horas permitidas por la carrera. Tuvo que caminar toda la carrera mientras se recuperaba de tres fracturas de vértebras causadas por la osteopenia. Tuvo que someterse a dos cirugías para reconstruir sus tendones, y se sometió a otra cirugía en su pierna izquierda para tratar su menisco. Nunca dejó su fe o su propósito. Berlín fue una marca de muchos dolores dejados atrás y nuevos sueños por delante. Para él, la vida es como un maratón y no todos los maratones son iguales, cada maratón tiene sus particularidades, algunos con muchos altibajos, otros con muchas curvas. Cada milla es diferente. El Maratón de Berlín fue especial porque vio el cierre de un capítulo doloroso. Es como leemos en Eclesiastés, todo tiene su lugar y su tiempo. Un maratón puede darnos la disciplina que necesitamos para hacer frente al cambio y darnos estructura. En la vida, a veces necesitamos tener paciencia y un ritmo constante, otras veces necesitamos ir más rápido, ser consistentes y tener un propósito. Lo hermoso de un maratón es que puedes establecer una meta y alcanzar el objetivo que planeaste. Se entrena para lo que se quiere hacer y luego se hace para lo que se ha entrenado. Los pilotos decimos, planeas tu vuelo, y luego vuelas tu plan.

El cambio en la vida de Luis comenzó cuando dejó una vida ocupada con el trabajo. Entre los 25 y 35 años, pasó por un momento difícil de su vida. Cuando tenía 36 años, se mudó a Costa Rica porque sintió que Dios quería que hiciera algo diferente. Entonces, Luis comenzó a buscarlo, y trató de vivir una vida más saludable y encontrar el equilibrio. Luego, cuando se mudó a los Estados Unidos, tuvo un encuentro con Dios. Sentía que su vida necesitaba incluir un gran cambio que incluyera el ejercicio. Empezó a caminar, de 30 a 45 minutos. Tan pronto como comenzó, la sanación física, emocional y espiritual comenzó a tener lugar. Entonces, empezó a correr. Después de ser invitado por un amigo a correr un 5K, le gustó tanto que decidió convertirse en corredor. Creó nuevos hábitos, ya que ahora comprendió que nuestro cuerpo es el templo de Dios y que somos responsables de cuidarlo. Lo que empezó como un hobby se convirtió en una disciplina. El hecho de que tuviera un cambio espiritual y que encontrara una manera de poner en sintonía el cuerpo y el espíritu, el hecho de tener una necesidad médica de limpiar y reducir el peso y la necesidad de encontrar un equilibrio saludable le dio la motivación para lo que considera que es más que un estilo de vida, un cambio del que fue testigo la Cuadriga de la Puerta de Brandenburgo.

La Cuadriga también fue testigo del cambio en mi vida que comenzó dos años antes de la carrera, cuando ciertos eventos afectaron mi forma de vida. Me encontré fuera de balance. Vivía como un zombi, emocionalmente devastado y con un bajo nivel de salud, autoestima y motivación. Apenas podía correr tres millas, y a veces me veía a mí mismo como un fracaso. ¡Un momento! Eso fue dos años antes de la carrera, esa era la forma en que me miraba a mí mismo, con mis propios ojos, no era la forma en que Dios me miraba con sus ojos. A los ojos de Dios soy una creación perfecta, Él me hizo maravillosamente y con temor, he sido hecho a su imagen. Cuando me vi a mí mismo como una persona que apenas podía correr tres millas, Dios me vio como un maratonista. A veces nos vemos a nosotros mismos como capaces de correr una distancia corta, pero Dios nos creó para que corriéramos distancias mucho más largas. Dios nos creó para que fuéramos como águilas y para que voláramos alto. Águilas que pueden elevarse por encima de la tormenta, con una visión para ampliar sus territorios. Eso es lo que soy realmente, soy saludable, mi cuerpo es fuerte, soy profesional, soy interesante, y fui creado a la imagen de Dios. Tengo sueños dados por Dios, me arriesgo y tengo confianza. Puedo hacer cosas que parecen imposibles, pero con Dios nada es imposible. Así es como Dios me ve, y te ve a ti, con amor. No soy una superestrella pero Él todavía me ama. Me ama con tanto amor que dio a su propio hijo para que muriera por mí y por ti.

Inventario Personal

Ahora que has tomado la decisión, estás motivado y tienes tu meta en mente, es hora de tomar un bolígrafo y empezar a escribir. ¿Dónde estás y adónde quieres ir? Si quieres estar libre de deudas, necesitas empezar a escribir todo lo que gastas. Si quieres comer más sano, necesitas escribir todo lo que estás comiendo. Si quieres hacer más ejercicio y estar más saludable, necesitas escribir todo lo que estás haciendo para mover tu cuerpo. Necesitas escribir cómo estás usando tu tiempo y qué tipo de pensamientos estás pensando. Si tienes pensamientos negativos sobre ti mismo, escribe todas las cosas buenas que eres. Cuando ves las cosas en papel puedes ver qué cosas necesitas mejorar, cambiar o eliminar.

Escribe tus metas, al menos tus diez metas principales. De tus diez metas más importantes, prioriza y selecciona las tres más importantes. Entonces, de esas tres, selecciona una. Esa es tu meta número uno, esa es tu Cosa Única, Solo una Cosa. Trabaja en eso, y luego en lo siguiente. Gary Keller en su libro "Solo una Cosa" (1) (Keller, 2013) describe cómo esta Cosa Única puede ser la cosa más importante en tu vida, o para este mes, o esta semana, o para hoy. Hizo la pregunta: "¿Qué es lo único que puedes hacer esta semana para que al hacerlo todo lo demás sea más fácil o innecesario?" Si te enfocas en esa Cosa Única hoy tendrás un impacto en lo que hagas mañana o por el resto de tu vida. Es como un efecto dominó, si empujas una pieza de dominó, esa pieza liberará una pequeña cantidad de energía que iniciará una cadena de reacciones en una fila de piezas a medida que empiezan a caer una por una. En otras palabras, al hacer esta pequeña acción, facilitará una acción más grande que facilitará una acción aún más grande. Si tienes 4.491.863 fichas de dominó en línea cerca una de la otra, una sola cantidad de energía es suficiente para inclinar una, para que caiga sobre otra ficha de dominó, y luego otra, creando una reacción en cadena que resulta en la caída de casi 4,5 millones de fichas de dominó. Una sola cantidad de energía liberó una fuerza acumulada de 94.000 *joules*. La misma energía que le tomará a un hombre completar 545 flexiones de brazos. Pero supongamos que el segundo dominó es el doble del tamaño del primero, y el tercero es el doble del tamaño del segundo y así sucesivamente. Esta progresión fue estudiada por el Dr. Whitehead. Este físico demostró que, si la primera ficha tenía dos pulgadas de largo, la décima ficha sería del tamaño de un jugador de fútbol, y la decimoctava del tamaño de la Torre inclinada de Pisa. La energía que ustedes ponen en su Cosa Única para este día tendrá un impacto exponencial en la Cosa Única de su vida. Por eso es importante ponerlo en tu agenda diaria. Haz un esfuerzo para sacar tiempo para trabajar en tu sueño, tu proyecto de vida. Puedes trabajar para alguien más, pero esta vez es para trabajar para ti mismo.

Uno de los secretos para empezar a correr consistentemente es empezar donde estás. Hacer un inventario personal. Si sabemos dónde estamos, podemos concentrarnos en dónde empezar. A veces nos fijamos metas demasiado altas para alcanzarlas y pensamos que si empezamos duro, rápido y largo, podemos llegar más rápido a esa meta. Pero si no tienes el kilometraje base y tratas de correr demasiado rápido, es sólo cuestión de tiempo antes de que termines con dolor. El Dr. Phillip Maffetone, quien desarrolló el Método Maffetone (2) (Maffeone, 2000) es un creyente que los días de "sin dolor no hay ganancia" han terminado. El método Maffetone se centra en tres áreas: nutrición, ejercicio y máxima función aeróbica. En mi opinión, es el mejor método para desarrollar una base aeróbica. Con tu entrenamiento necesitas establecer un objetivo realista. Si sólo tienes tres días a la semana disponibles para el entrenamiento, entonces encuentra un plan que se ajuste a ese tiempo. Además, debes establecer objetivos realistas para la distancia y el tiempo de la carrera. En mi primer maratón, mi objetivo era sólo terminar, no con un tiempo de llegada específico en mente. Era sólo para relajarme y disfrutar de la carrera. Tomé fotos, esperé en las filas para el baño y "caminé corriendo". Entrené para una carrera de 5:15, y aunque terminé a las 5:25, estaba satisfecho de haber logrado mi objetivo de terminar. En el maratón de la vida, necesitas prepararte para el éxito, no para el fracaso. Empieza con metas pequeñas y construye sobre ellas.

Cuando empecé a correr, estaba unas 30 libras por encima de mi peso óptimo. Corría como si llevara una mochila con 30 libras de piedras. Cuando perdí esas 30 libras, sentí que ya no tenía que correr más cargando esa mochila llena de piedras. Era una carga pesada y esa carga era parte de mi inventario. Llevamos muchas cargas pesadas. Tal vez es basura que recogemos del pasado. Pero una vez que entregué mi vida a Jesús y le entregué mis cargas, le dejé llevar mi mochila llena de rocas de remordimiento, culpa, vergüenza y preocupación. Le di todos mis problemas a Él y me dejó descansar. Estaba en paz. Yo estaba corriendo mi carrera a través del valle de la muerte, pero yo estaba sosteniendo su mano, y cuando llegó el momento de descansar, fue como cuando una oveja descansa en verdes pastos porque el pastor está cuidando de él. Conozco la voz de mi pastor. Me refresca el alma. No me falta nada.

El nombre de mi hijo me recuerda a dos personajes: El Rey David porque puede luchar contra cualquier gigante, y Christian, del libro "El Progreso del Peregrino" de John Bunyan (3) (Bunyan, 1967). En el libro, Christian comenzó un viaje, una carrera, desde la Ciudad de la Destrucción hasta la Ciudad Celestial. Christian lleva una carga pesada a través del camino de la vida hasta que se aventura al lugar de la liberación. Allí, el Señor se lleva sus cargas. Tuvo que cruzar la Puerta Malvada, pasar por el Cerro de la Dificultad, el Valle de la Humillación, el Valle del Temor, la Ciudad de la Destrucción y la Feria de la Vanidad. Su amigo, Hopeful, le ayudó a salir del Castillo de la Duda con las llaves de Promesa que les abrieron la puerta para escapar. Finalmente, llegaron a la línea de meta en la Ciudad Celestial después de que se les quitara la carga. Si tienes que llevar una carga, está bien, es tu inventario personal, pero puedes encontrar tu lugar de liberación y dejar tu carga allí.

Definitivamente había una brecha entre la forma en que me veía a mí mismo y la forma en que Dios me miraba. Había una brecha y para cerrarla, necesitaba cambiar. Todos somos resistentes al cambio. Para mí, el cambio requería un compromiso para crear nuevos hábitos, pero lo que realmente significaba era cambiar la forma de pensar. Nuestro cerebro es muy perezoso, resistente al cambio, e intenta empujarnos a nuestra zona de confort. Tenemos que tratar de salir de esa zona de confort, porque sólo fuera de ella podemos ver que ocurren grandes cosas. Sólo allí es donde podemos desarrollar nuestro potencial y ver el crecimiento en nuestras vidas. Las carreras pequeñas, 5K, 10k o medias maratones son carreras que pueden ser exigentes, pero no te van a sacar de tu zona de confort. La distancia de un maratón, 26,2 millas, es una distancia hermosa que siempre te empujará. Tu cerebro le dirá a tu cuerpo que se detenga, que vaya a descansar, y tú lucharás con tu voluntad y tu mente. Sólo cuando estamos fuera de la zona confortable podemos levantarnos sobre la tormenta, como el águila que usa los vientos de la tormenta para ser levantada sobre la misma tormenta y volar sobre ella. Podemos volar más alto con la resistencia. Podemos tener todo tipo de problemas, y sé que el problema puede ser grande, pero Dios es más grande que esos problemas y podemos descansar en él. Apoyándonos en él, podemos volar alto.

Esa era mi realidad. Empecé a correr tres millas, y cuando empecé con el grupo C, fui capaz de correr 5 millas; mi ritmo fue alrededor de las 11:30. Mi condición física y mi realidad era que tenía sobrepeso. Mis hábitos alimenticios no eran los mejores. Pasé por un divorcio. Mi negocio estaba lento. Mi situación financiera se estaba deteriorando y mi espíritu estaba herido. Ese era mi inventario personal. Necesitaba cambiar, necesitaba reinventarme, empezar de nuevo y ser una nueva creación. Antes de empezar a hacer cambios, necesitamos hacer un inventario personal de cómo van las cosas. Sér sinceros con nosotros mismos y reconocer el lugar en el que estamos, entonces podremos empezar a reconstruir, construir sobre una base, y hacer lo que necesitemos para prepararnos para el terreno. Necesitamos reconocer qué cosas necesitan ir, qué cosas necesitan una revisión, y cuáles son las cosas nuevas que necesitamos traer a nuestra vida. En medio de eso, sólo Dios puede sostenernos. Es como si fuéramos hojas de un árbol - sólo son verdes si el árbol está sano. Nosotros somos las hojas y Dios es el árbol.

Hay una persona que se vio a sí misma como un fracaso cuando era joven. Y aunque la sociedad lo vio como un fracaso, su madre creyó en él, y Dios creyó en él. Su nombre es Benjamin Carson (4) (Biography.com, 2019). Ben Carson nació en Detroit en una época en que las cosas eran difíciles para los afroamericanos. El centro de la ciudad de Detroit era el tipo de lugar donde alguien de la edad de Ben podía terminar en una pandilla o en la cárcel. Su madre lo obligaba a ir a la biblioteca casi todos los días, sin saber que ella estaba poniendo los cimientos. Su madre, que también era maestra, ayudó a construir la base dirigiendo a Ben en un autodescubrimiento de sus talentos para correr su carrera, para convertirse en el director más joven de una división del Hospital Johns Hopkins en Baltimore, director de neurocirugía pediátrica, oncología, cirugía plástica y medicina pediátrica. Se convirtió en uno de los mejores, si no el mejor, neurocirujano pediátrico del mundo. Usó su talento dado por Dios para realizar cirugías casi imposibles en muchos niños. Fue el primero en llevar a cabo una separación entre gemelos a la edad de 35 años. El Dr. Carson no creía que pudiera correr una milla, pero Dios lo creó para correr ultramaratones, en sentido figurado. El punto es que todos tenemos talentos dados por Dios y necesitamos aprender a vernos a nosotros mismos como una creación divina - una que está perfectamente hecha. Tenemos talentos, pero realmente ganaremos la carrera cuando utilicemos nuestros talentos para ayudar a tantas personas como podamos.

Parte de nuestro inventario es ver qué talentos tenemos. Tal vez no los veamos completamente, pero podemos pedirles a nuestros amigos y familiares que nos digan lo que ven en nosotros. Si nuestro corazón se siente realizado cuando estamos haciendo algo por alguien o cómo gastamos nuestro tiempo, entonces debe ser porque nuestros talentos están ahí. Si hacemos algo que nos gusta y sucede que nos pagan por hacerlo, entonces tendremos éxito. Todo en este universo tiene un propósito, Dios nos creó de tal forma que nos transformamos constantemente, hay un propósito para cada uno de nuestros glóbulos rojos, estos duran solo menos de medio año, nuestro cuerpo se reemplaza a sí mismo cada 7 a 15 años, obtenemos una piel nueva completa cada dos a cuatro semanas, nuestro hígado se renueva a sí mismo casi cada dos años, nuestro cerebro cambia, podemos crear, renovar nuestra mente, podemos escoger lo que queremos ser, podemos escoger si queremos operar en la zona del amor, o en la zona del miedo. Estamos diseñados para amar a los demás y reconocer la belleza en los demás.

Todo tiene un propósito y nosotros tenemos un propósito; tenemos una historia y eso también es parte de nuestro inventario. Todo en el universo tiene un propósito. Imagina que si todo tiene un propósito como se siente si no lo tienes. Como alguien dijo: "La vida es un proceso y se requiere tu participación". Eres único y eres parte del mundo y lo que haces influye en la gente que te rodea, y lo que haces es producto de lo que piensas. Por lo tanto, tu misión, propósito en la vida, y tu identidad es tu inventario.

Bon Appetit

Así que, primero vi donde estaba y luego donde quería ir. Vi mi realidad, y mi cambio comenzó con la fundación. Eso significa que tenemos que preparar el terreno, tenemos que despejar el campo y limpiar el campo. Mi amiga de FIT, Marissa, tenía una vida normal. Pero un día, todo cambió para ella. Descubrió que tenía cáncer. Fue una triste sorpresa pero le hizo pensar que cualquiera puede recibir noticias inesperadas. ¿Qué haces cuando tu mejor amigo se entera de que tiene cáncer? ¿O te dicen que pueden ser sólo unos pocos años? Tal vez te asustes, o tal vez empieces a vivir esos últimos días como nunca lo harías. Tal vez aprendas a bailar, tal vez aprendas a apreciar la creación, tal vez vivas al máximo. Marissa pasó por tres cirugías. Afortunadamente, sabía que tenía que empezar una nueva vida llena de muchos cambios y ajustes. Esto la motivó a iniciar un estilo de vida saludable. Tenía la necesidad de limpiar su cuerpo y empezar a construir allí. Sintió que en ese momento tenía algo tóxico en su cuerpo y necesitaba limpiarse. El sentimiento era tan fuerte que le hizo cambiar sus hábitos alimenticios. Quería conectarse más con lo natural y empezó a tirar los alimentos procesados no naturales. Al mismo tiempo, comenzó a practicar deportes. Fue una época de muchos descubrimientos; cualquiera puede motivarse cuando ponemos cosas buenas en nuestro cuerpo. Empezó a sentirse mejor hasta el punto de que decidió entender por qué comía lo que comía. Empezó a profundizar en el conocimiento de los beneficios de una buena nutrición, y que el ser humano necesita estar equilibrado, porque al final, de la misma manera que necesitamos equilibrio en nuestra vida, necesitamos equilibrio en nuestra nutrición. Necesitamos carbohidratos, proteínas, fibra, grasas buenas, necesitamos equilibrio en el área emocional, social y espiritual de nuestra vida. Lo veo como una silla; si una de las piernas se rompe, la silla se caerá, cada pierna es un área de nuestras vidas y necesitamos que cada una de ellas esté sana. ¡La vida es un equilibrio!

Verónica, al igual que Marissa, también descubrió que necesitaba nuevos cambios en su vida. Comienza su día con un desayuno con todos los nutrientes que necesita. Es diferente de lo que solía comer porque ha implementado nuevos cambios y hábitos con el fin de comer de forma saludable. Sin embargo, pensó que los alimentos que estaba comiendo eran suficientes, pero cuando se hizo los exámenes médicos, notó que tenía una deficiencia de ciertos nutrientes, especialmente de hierro. Esto se sumó a sus constantes dolores de cabeza y migrañas. Se sentía como si una prensa europea estuviera unida a su cráneo apretando todo junto. Ella entendió que muchos de los ingredientes que se encuentran en los súper alimentos son importantes. Ahora, Verónica bebe jugo de remolacha como si fuera su café diario y corre con aminoácidos en su cinturón para tomar una dosis cada cinco millas más o menos. Muchos de los ingredientes que incluso los corredores toman en paquetes a veces no son las mejores opciones. Su idea es comer más alimentos orgánicos basados en plantas con ingredientes que probablemente se recojan de una granja. Sus batidos son con espinacas, coles, remolachas y diversas frutas. Sus proteínas son de animales o vegetales. Descubrió que era importante evitar las carnes rojas porque producen inflamación.

Después de tener su segundo hijo, Verónica comenzó a hacer ejercicio con más regularidad. Pero ella experimentó horribles migrañas. A veces, cuando hablaba de migrañas, parecía que nadie la entendía. Se sentía como si fuera un globo inflándose dentro de su cabeza. Las migrañas limitaron su capacidad para realizar sus tareas normales, y también para correr. Ciertamente afectó su capacidad de ser la mejor versión de sí misma. Pero la nutrición adecuada ayudó a Verónica a sobrellevar el dolor. Se unió a un pequeño grupo de mamás para empezar a correr, descubrió los beneficios de tener su propio espacio y tuvo la disciplina de hacer algo que le dio comodidad y bienestar. Ella experimentó con estos grandes cambios. Antes del nacimiento de su hijo, no tenía una rutina regular, como muchas madres primerizas o personas afectadas por sus relaciones. Pero pudo ajustar su tiempo y usar el ejercicio no sólo como una forma de ser mejor, sino como una salida del estrés mundano del día a día.

Los estudios de Marissa le dieron la posibilidad de elegir mejor y comer mejor. Incluso nuestras comidas deben estar en equilibrio. Comprendió cómo combinar las comidas y creó hábitos para organizarse. Planeaba qué comer durante el día y la semana. Comer no es sólo llenarse de cualquier cosa que pueda encontrar; comer es nutrir nuestros cuerpos. La forma en que comas te dará una mejor forma de vida. Le ayudará a prevenir enfermedades al mejorar su sistema inmunológico. "No he estado enferma durante los últimos tres años", dijo. Combina alimentos culturalmente poco conocidos, como la espirulina, que son superalimentos muy nutritivos. Marissa ahora es entrenadora de salud nutricional y tiene una certificación en nutrición deportiva. Está en el proceso de descubrir cómo ayudar a otras personas mientras se centra en las personas que normalmente no participan en la actividad deportiva. Quiere hacer un grupo que se reúna dos veces por semana para caminar, correr un poco y conectarse con lo natural.

La Asociación Internacional de Atletismo (5) (Asociación Internacional de Federaciones de Atletismo, 2019) tiene recomendaciones sobre la alimentación y la bebida para la salud y el rendimiento, específicamente diseñadas para los corredores. Una dieta bien equilibrada puede optimizar los programas de entrenamiento, mantener un peso ideal, reducir el riesgo de lesiones y alcanzar altos niveles de rendimiento. La comida es nuestro combustible y generador de energía, a veces necesitamos ajustar la ingesta de energía en función de los objetivos. Estos objetivos pueden ser el aumento de la masa muscular o la reducción de los niveles de grasa. La cantidad de energía disponible en nuestro cuerpo es igual al total de la ingesta de energía dietética, menos la energía utilizada para la actividad y el entrenamiento diarios.

Si la disponibilidad de energía cae por debajo de un cierto nivel, podría haber importantes desigualdades en la función metabólica y hormonal. Como resultado, esto puede afectar el rendimiento y la salud. Si usted es una persona sedentaria, la ingesta recomendada de proteína es de 0,8 gramos de proteína por kg de peso corporal. Pero cuando se empieza a hacer un entrenamiento intenso, es necesario aumentar la ingesta a unos 1,2-1,7 gramos de proteína por kg de peso corporal. Las proteínas han sido consideradas como un nutriente clave y generador de energía para el éxito deportivo. Esto se atribuye a la composición de aminoácidos en las proteínas, ya que son los bloques de construcción para la producción y reparación de los músculos. Ayudan a normalizar la síntesis de las proteínas, ayudan a estabilizar la fuerza, la resistencia y el volumen de los músculos y ayudan a mantener los tejidos firmes. Últimamente, he incorporado aminoácidos en mis carreras largas en forma de píldora. Tomo una píldora cada 5 millas. Esto combinado con un trago de jugo de remolacha unos 30 minutos antes me ayuda a mantener mi energía y ayuda con el mantenimiento de los tejidos. Los aminoácidos que tomo durante las carreras largas son proteínas 100% vegetarianas pre-digeridas y están compuestas por legumbres no de soya. Tan sólo 10g de proteína pueden tener un buen efecto en la resistencia y en la efectividad, con una ingesta óptima de 20-25 g. Las buenas fuentes de proteína provienen de animales como los huevos, las carnes, el pescado y las aves de corral. También se pueden encontrar en ciertas verduras, aunque es importante considerar la ingesta correcta ya que no son tan efectivas como las fuentes animales.

Los carbohidratos proporcionan un importante, pero corto, suministro de combustible para el ejercicio y se almacenan en forma de glucógeno. Los objetivos de la ingesta de carbohidratos son aproximadamente 1 g por kg de peso corporal por hora, consumidos a intervalos frecuentes para una recuperación inmediata después de agotar el ejercicio. Entre 0 y 4 horas, 3 a 5 g por kg de peso corporal por día para la recuperación diaria de un programa de entrenamiento de bajo volumen, 5 a 7 g por kg de peso corporal para la recuperación diaria de un programa de entrenamiento moderado, 6 a 10 g por kg de peso corporal por día para la recuperación de un entrenamiento de resistencia y carga de carbohidratos de moderado a intenso, y 10 a 12 g por kg de peso corporal por día para la carga máxima de combustible para un evento de distancia. Estos objetivos son recomendados por la IAAF, pero pueden variar para los diferentes atletas. Es una buena idea visitar a un nutricionista deportivo que pueda proporcionar consejos expertos.

Nuestra Mente

Estaba en el aeropuerto de Indianápolis cuando un anuncio en el altavoz decía que una mujer dejó su "Labial Único" en el punto de control de seguridad y necesitaba reclamarlo. ¿Puedes creerlo? Quiero decir, la gente se olvida de los teléfonos celulares, tabletas o incluso documentos en los puntos de control de seguridad, así que entiendo que necesitan ir a buscarlos. ¿Pero un " Labial Único"? Vamos, si traes un perfume o cualquier líquido de más de 100 ml tienes que tirarlo. Un día me quitaron la pasta de dientes porque era demasiado grande, pero un "Labial Único" debe ser realmente único para hacer que una persona regrese por él. Bueno, te diré lo que es único - no es el labial - es la dueña. Ella es tan única que usa " Labial Único".

Ella es única. Soy único. Tu eres único. En los más de 7.700 millones de personas en el planeta, no hay nadie como tú. Algunas personas en el planeta fueron creadas para ayudarte y tú fuiste creado para ayudar a algunas personas en el planeta. Todos tenemos al menos un don y un talento para servir a los demás.

No entenderemos a los demás hasta que nos entendamos a nosotros mismos. Somos excepcionalmente brillantes; cada pensamiento viene de la profundidad de nuestra identidad, o debería decir que nuestra identidad viene de la profundidad de nuestros pensamientos y nuestra mente. Todos tenemos una pasión y podemos beneficiarnos de nuestra pasión si la hacemos útil para alguien más, la palabra clave es útil. Si nos centramos en nosotros mismos todo el tiempo, no hay éxito. Si me convierto en un servidor de los demás, entonces vendrá la abundancia. Incluso puedo construir un negocio si pongo mi talento para dar soluciones a los demás. Si soy generoso con el mundo, el mundo será generoso conmigo. El inventario principal en nuestras vidas es nuestra mente, porque nuestra mente cambia nuestro cerebro, define nuestra identidad y cuando estamos claros de quiénes somos podemos lograr el propósito de lo que fuimos creados.

La Dra. Caroline Leaf, una científica a la que admiro mucho, habla de la singularidad en su libro, El Tú Perfecto (6) (Dr. Leaf, 2019). Tal vez si tu propósito es tocar muchas vidas o sólo una vida, es lo mismo, es tu propósito. Tal vez si tu propósito es dejar un mensaje en un libro que va a ser leído por millones de personas o tal vez sólo para un puñado de personas, no importa, es tu propósito. De hecho, incluso Dios tiene un propósito. El propósito de Dios es amar a todas las personas y amarte a ti. Eres tan único que si fueras la única persona en el mundo, Dios te amaría hasta el punto de que si tuviera que dar a su hijo sólo por ti, lo haría. De hecho, eso es lo que hizo. Necesitas entender quién eres; la baja autoestima ocurre cuando no entiendes quién eres. Tu mente es muy poderosa y puede permitirte realizar tu propósito, o puede impedirte que lo hagas. Puedes hacer cosas que parecen imposibles o puedes quedarte paralizado, depende de lo que tengas en la mente. Cuando escuchamos cosas que llegan a nuestro cerebro, la energía acústica está interactuando con la energía electromagnética y cuántica de las cosas que vemos y esa energía es procesada por nuestro cerebro al pensar, sentir y elegir a 400 millones de acciones por segundo. El cerebro tiene neuronas que parecen árboles. Estas células pueden tener un aspecto saludable, pero los pensamientos tóxicos pueden deteriorar las neuronas, causando que estos árboles se sequen. Lo que decimos y lo que pensamos, ya sea sano o tóxico, hará que las neuronas estén sanas o no. Las reacciones químicas suceden y hacen crecer las ramas de las neuronas, estas ramas sostienen la memoria, el cerebro puede secretar químicos de pasión y emoción, pero el estrés o el miedo no crearán químicos, el cerebro tratará de compensarlo, creará una cantidad excesiva de los buenos químicos, y causará un desequilibrio químico. La inflamación causada por este desequilibrio crea ansiedad hasta el punto de que puede ser paralizante.

La mente es una parte poderosa de nuestro ser, es el campo de batalla donde las buenas ideas luchan contra las malas ideas. ¿Voy a quedarme en la cama o me voy a levantar y hacer algo productivo hoy? ¿Estoy eligiendo ser feliz o no? ¿Voy a tener una meta y trabajar hacia esa meta o simplemente dejar pasar el tiempo? Somos producto de lo que ponemos en nuestros cuerpos. No hablo sólo de la ingesta nutricional, sino también de lo que ponemos en nuestras mentes. Lo que una persona piensa, lo es.

¿Cómo estoy alimentando mi mente? ¿Estoy pensando en lo que es noble, lo que es puro, lo que es verdadero, lo que es admirable, lo que es excelente, lo que es edificante? ¿O estoy dejando que la basura y los pensamientos negativos entren en mi mente? Escuché la historia de dos perros peleando. Uno era un perro bueno y el otro un perro malo. A veces el perro malo ganaba, a veces el perro bueno ganaba, y siempre el perro que se alimentaba era el que ganaba. Ese es el tipo de lucha que tiene lugar en nuestras mentes, dependiendo del tipo de pensamientos que decida tomar determinará el perro que estoy alimentando. Si alimento la mente con pensamientos positivos con fe, entonces me convertiré en eso. Me transformó por la renovación de mi mente. Si tienes pensamientos tóxicos, puedes crear una mala realidad, una telenovela en tu mente. Pero esto no es lo que eres, es en lo que te conviertes. Puedes cambiar eso. La mente tiene el poder de cambiar tu realidad, puedes des-convertirte de quien te has convertido, si por alguna razón piensas negativamente en ti mismo puedes cambiar eso, puedes ser la mejor versión de ti mismo. Lo que piensas puede cambiar tu cerebro, lo que puede cambiar tu intelecto, tus emociones, tu comportamiento. Esto se va a manifestar en todo lo que hagas, en los negocios, en la sociedad, en la forma en que actúes, como persona, como amigo, como mentor, como corredor, ¡cualquier cosa!

La Dra. Caroline Leaf explica en su libro "¿Quién apagó mi cerebro?" (7) (Dr. Leaf C., 2009) La idea es que los pensamientos saludables crean neuronas y conectores neurológicos saludables, y que los pensamientos tóxicos deterioran nuestras neuronas. El Apóstol Pablo nos recordó que podemos ser transformados por la renovación de nuestra mente. La Dra. Leaf enseña que la mente puede cambiar el cerebro, la mente es el comando y el cerebro es el físico. Si tienes un pensamiento tóxico, esto puede afectar tu cerebro de manera negativa pero tu mente tiene el poder de cambiar eso. Por ejemplo, el perfecto amor echa fuera todo temor. Si vivo en un reino de amor, mis pensamientos, mis emociones y mis acciones estarán alineados. Pero si vivo en el reino del miedo, habrá un impacto negativo en mis pensamientos, emociones y acciones. 75 a 98% de las enfermedades mentales, físicas, emocionales y de comportamiento actuales provienen de nuestra pensar cotidiano. La Dra. Leaf ha desarrollado un sistema para desintoxicar nuestra mente, para deshacerse de esos pensamientos tóxicos. Todo lo que dices y haces es primero un pensamiento en tu cerebro. Tal vez no puedas cambiar tus circunstancias, pero puedes elegir controlar tus reacciones a tus circunstancias por los pensamientos que pones en tu cerebro y al hacerlo, están causando que el ADN se exprese y luego están almacenando un pensamiento sano que en término hará que tus neuronas estén sanas. La Dra. Leaf ilustra muy bien este concepto en su libro. Una neurona sana se parece literalmente a un árbol con muchas ramas radiantes y sanas, una neurona tóxica se parece a un árbol seco con pocas ramas y es opaca. Cuando corres un maratón y tu cuerpo te dice que te vayas a casa y lo dejes, y tu mente está luchando contra ello diciendo, "Puedo hacer esto". He seguido mi plan de entrenamiento para esto. He venido hasta aquí y voy a cruzar la línea de meta". Entonces estás poniendo pensamientos saludables en su cerebro y creando neuronas saludables.

En un libro llamado "¡CHISPA!" (8) (Dr. Ratey, 2012) El doctor John Ratey, MD. menciona que, al contrario de la pérdida de peso, los efectos del ejercicio pueden mejorar las funciones del cerebro. Puede aumentar su motivación, concentración y memoria. Nuestro cerebro puede cambiar, como los músculos cambian si se ejercitan. El Dr. Ratey habla de los conectores neurológicos, otro término podría ser "neurotransmisores". Estos son químicos que corren entre las neuronas de nuestro cerebro. Las principales sustancias químicas son la dopamina, la norepinefrina y la serotonina. Estos tres nos ayudan mucho a mantenernos atentos, tranquilos y, en general, en un estado de bienestar. El ejercicio ayuda a activar estos neuroconectores. El ejercicio puede aumentar su capacidad de asumir más información y retenerla. Sólo 10 a 20 minutos de ejercicio por la mañana pueden prepararte para todo el día. Te mantendrás más alerta, fresco y te sentirás bien. Esto se puede potenciar si se hacen pequeñas sesiones de siete minutos dos veces al día. Hay una aplicación llamada "7- min entrenamiento" que te muestra los ejercicios que se pueden hacer en cualquier momento y en cualquier lugar. Muchas veces, las personas con mal humor, ansiedad y estrés buscan drogas, alcohol o alimentos para lidiar con sus problemas en lugar de hacer ejercicio. Esto no sólo puede reducir esos problemas, sino que también puede mejorar el aprendizaje y la memoria. Encuentre el tiempo, al menos de 10 a 20 min al día, y hará una gran diferencia. Usa las escaleras, estaciónate más lejos, usa la bicicleta para ir a la tienda o camina hacia ella. ¡Haz algo!

Sin Miedo

No podemos construir si no superamos los obstáculos, ya sea la pereza, el sentimiento de insuficiencia o el miedo. Tengo una amiga que es una gran piloto, artista y ahora nadadora. Ella ha logrado mucho desde que decidió tomar la natación. Estos son sus pensamientos: "Richard Bach escribió una vez: 'Argumenta tus limitaciones y, por supuesto, son tuyas'. Son 25 metros hasta el otro extremo. Hace un año, ni siquiera podía llegar a la mitad de la piscina con mi versión de "natación". Sin aliento y agotada por hacerlo mal, tenía miedo de meter la cabeza en el agua. Deseaba ser una nadadora de vueltas pero argumentaba que superar el miedo era imposible. Decidí que mi miedo de más de 30 años tenía que desaparecer. Así que tomé unas cuantas lecciones de natación y me puse a trabajar. No era cómodo, pero no me di por vencida. Poco a poco fui metiendo la cabeza más profundamente en el agua. Finalmente, ¡podía hacer una vuelta! Luego, después de unos meses, nadé tres vueltas juntas mientras encontraba un ritmo. Al llegar la primavera, me desafié a dar diez vueltas, sin parar. Ahora, un año después de dejar de discutir, doy hasta 80 vueltas (una milla y cuarto) en mi hora de natación. Soy nadadora de vueltas, y es una de las actividades más relajantes y rejuvenecedoras de mi vida. Deja de discutir con tus limitaciones y empieza a estar de acuerdo con tus sueños". Ellen ha encontrado en la natación una de las actividades más relajantes y rejuvenecedoras de su vida, pero no podría acumular en sus vueltas si no se enfrentara cara a cara con su miedo.

Algunos de los mejores años de mi vida fueron cuando fui piloto misionero en Albania; aprendí muchas cosas. Cuando llegué por primera vez a Albania, tenía miedo de lo desconocido. Ni siquiera sabía dónde estaba Albania. Salí de Miami con 100 dólares en el bolsillo para embarcarme en una de las aventuras más maravillosas de mi vida, pero no sabía nada del país, la cultura o el idioma. Albania vivía una época tumultuosa. Así que allí estaba yo, volando a Tirana, Albania, sin saber siquiera quiénes iban a recogerme en el aeropuerto. Lo único que sabía era que Dios me llamó a ese país para volar un helicóptero con una organización cristiana que usa la aeronave para llevar esperanza a la gente en lugares remotos. Me uní a un equipo para llevar ayuda humanitaria, apoyo médico y palabras de aliento al sufrido pueblo de Albania. Era como ir paso a paso sin saber lo que estaba por delante, pero confiando plenamente en Dios. Unos días más tarde estaba aprendiendo el idioma, diciendo a todo el mundo "Mier Dita", que significa buenos días en albanés. Aquellos que hablaban español van a reirse de esto. Para el tercer año, había volado a más de 1.000 aldeas del país en helicóptero, llevando equipos para llevar la palabra de Dios. Llevamos zapatos a los niños que caminaban en la nieve con dos piezas de goma de neumáticos atados a sus pies. Trajimos ropa, comida, medicinas y médicos. Incluso le trajimos una cama de hospital a una persona que no se podía mover. Allí conocí a los amigos más increíbles de mi vida y salí del país con un fuerte sentimiento de logro. Estaba corriendo mi carrera. El miedo era como una niebla que no me dejaba ver el frente, no sabía dónde iba a ser el próximo giro. A veces tenemos un gran objetivo, pero al principio sólo vemos unos pocos metros, pero eso no debería detenernos. Tenemos que seguir moviéndonos. El miedo no puede paralizarnos.

Cuando dejé Albania, fue en medio de una guerra civil. Una empresa inversora vino al país e hizo un plan piramidal; la gente vendía sus casas, cobrando por adelantado el valor de un año de alquiler y tomando los ahorros de toda su vida para dárselos a este grupo que prometía un rendimiento muy alto. Cuando perdieron su dinero, entraron en pánico y culparon al gobierno. Exigieron respuestas y que les devolvieran su dinero. Sin respuesta, la ira de la gente comenzó a escalar hasta convertirse en disturbios. Inicialmente irrumpieron en los puestos militares y policiales para robar armas. Pero más tarde, los mismos policías y militares se unen a los rebeldes. Las noticias de CNN mostraron imágenes de estadounidenses siendo transportados por aire desde la Embajada Americana a barcos de la marina en el Mar Adriático. Para mí, era hora de sacar el helicóptero del país a Italia. El vuelo fue estresante porque sólo tenía suficiente combustible para cruzar el mar Adriático. Finalmente aterricé en Bari con sólo unos minutos de reserva. He cruzado el punto de no retorno. La neblina y la niebla eran tan espesas que no tenía visibilidad. Además, sólo estaba volando instrumentos, lo cual no es la mejor situación en un helicóptero. De repente, todos mis instrumentos empezaron a girar y se congelaron. Tuve que continuar el vuelo sólo con referencia al indicador de velocidad, al altímetro y a la brújula. Mi cobertura de GPS se perdió. Era aterrador, por decir lo menos, pero siempre sentí que Dios estaba conmigo. A veces hacemos cosas que no creemos que podamos hacer hasta que las circunstancias nos obligan a hacerlo. A veces, la gente no cree que pueda correr un maratón porque lo ve como algo imposible. Pero cuando dan el primer paso en la línea de salida, saben que terminarán la carrera. A veces nos encontramos en circunstancias demasiado difíciles de soportar y que no hay esperanza, pero Dios nos llevará a través de ella. Necesitamos dar un paso de fe y necesitamos creer.

Una vez estábamos aterrizando en la Playa Myrtle; el día era hermoso. Los cielos eran azules, pero había una zona de niebla justo sobre el aeropuerto a unos pocos kilómetros a la redonda. Cuando aterrizamos en el aeropuerto, no pudimos ver más de un cuarto de milla debido a la niebla. La niebla daba la impresión de que toda la ciudad estaba cubierta y que todo lo demás era igual. A veces ves cosas más grandes de lo que realmente son. En realidad, la niebla que rodeaba el aeropuerto podía ser contenida en un frasco de un galón. Tendemos a hacer películas en nuestra mente para hacer que las cosas parezcan más difíciles de lo que realmente son. Pensarás que no vas a lograrlo, que 26,2 millas es demasiado, que la enfermedad se va a meter en tu familia, que este trabajo es demasiado difícil. Tienes que mirar ese miedo y decirle: "Eres como una niebla". El miedo parece mucho más grande de lo que es. Parece más intimidante. El miedo parece permanente pero sólo es temporal. No te detengas en ello porque si lo haces, empezarás a imaginar cosas y las desproporcionarás. Tienes que empezar a moverte. Dios proveerá la luz para ver lo que está delante de ti. Al igual que al conducir en la niebla, tienes suficiente visibilidad para ver sólo la carretera cercana, pero poco a poco cuando empiezas a avanzar, la siguiente curva, la siguiente milla será revelada.

Hábitos

Cuando volví a correr con Amigos en Entrenamiento (FIT), corrimos una milla y anotamos nuestro tiempo. Esto nos dio la base para el entrenamiento que vamos a empezar. Cuando sonó la alarma, todavía estaba oscuro afuera. Todo lo que mi cuerpo decía era que no quería correr ese día. Me desperté a las 4:00 am y todo lo que quería hacer era enrollarme en mis mantas y olvidarme de todo. Quería olvidar que me comprometí a correr cuatro veces por semana con una carrera larga cada sábado. Quería olvidarme de que empecé un plan que seguir. Creo que la parte más difícil del entrenamiento es sacar los pies de la cama, pegarlos al suelo y levantarse. Caminando como un zombi, llegué al baño y me duché. Hombre, pensé, ¿cómo de loco estoy? ¿Soy el único idiota que se levanta ahora para ir a correr? Pero aquí vamos, una vez más, ¡hagámoslo!

Conduje 25 minutos por la autopista y me bajé en Sunrise Boulevard hacia la playa. Sólo unos pocos coches me rodeaban, me sentía como un loco que iba a correr. ¿Qué es eso? Vi un coche delante de mí con un adhesivo con los números 26.2, pensé "Debe ser otro loco como yo". Seguí el coche y seguramente, se dirigió a un aparcamiento donde un montón de gente se preparaba para empezar a correr. Pensé para mí mismo, ¡no soy el único! Eso es genial, ¡voy a disfrutar de esto!

El primer grupo que se fue, fue el grupo de Caminantes B+ - aquellos que corren intervalos de 1 minuto y caminan 1 minuto. Nena está en este grupo. Es una dulce señora de 72 años que lleva más de 5 años caminando con FIT. Caminar puede ser un gran ejercicio. Nena caminó el año pasado en los Cayos 100; hizo la carrera de 50 millas, caminando, y puedo decirles que 49.9 de esas millas fueron con una sonrisa en su rostro. Empezó a las 6:00 AM y terminó alrededor de las 11:00 PM. Estaba muy cansada, pero tenía una sonrisa. Nena acaba de escalar el Kilimanjaro en África, otro sueño que se hizo realidad para ella. En la mayoría de sus carreras, usa camisetas con un letrero que dice: "Soy una caminante". Un día, vi al bebé de mi amiga Christina dando sus primeros pasos y le dije: "Míralo, es como Nena, es una caminante".

El segundo grupo fue el grupo B, con intervalos de 3 minutos y 1 minuto de caminata. Luego fue el primer grupo con el que corrí, el grupo C, corriendo intervalos de 5 minutos corriendo y caminando 1 minuto. Mi entrenadora era Maria Fletcher de Inglaterra y su asistente era Anna Radushka de Rusia. Tengo mucho aprecio por mis primeros entrenadores, por su dedicación. El grupo D nos siguió con intervalos de 10 minutos de carrera y 1 minuto de caminata. Y finalmente, el grupo E corriendo sin paradas y a un ritmo de entre 8:00 y 10:30 minutos por milla.

Lleva tiempo construir la base. Ben Carson hizo muchos viajes a la biblioteca y leyó durante días y días para poder adquirir los conocimientos básicos necesarios para ser impulsado al siguiente nivel por su maestro. Eso se convirtió en un hábito. Para un maratón la construcción de la base también lleva tiempo. Un plan de entrenamiento de maratón toma alrededor de 16 semanas. Si planeas correr tu primer maratón, es mejor empezar temprano. Muchos expertos recomiendan que las personas que quieran correr su primer maratón corran consistentemente un kilometraje base durante al menos un año antes de hacer un programa completo de entrenamiento de maratón. A veces queremos hacer las cosas demasiado rápido, queremos resultados instantáneos, vivimos en una cultura de microondas. Si somos pacientes y fieles en lo poco, Dios traerá cosas más grandes porque seremos fieles en lo mucho. Es mejor empezar con carreras pequeñas como 5Ks, 10Ks, y eventualmente un medio maratón. La clave está en correr consistentemente de 20 a 30 millas por semana. Si tratamos de hacer kilómetros demasiado rápido, demasiado pronto, podríamos encontrarnos con una lesión. La facilidad para correr es la base de tu carrera. Es como los cimientos de una casa, cuando se ha construido la capacidad de correr por una larga distancia, se puede construir sobre ella.

Correr fácilmente puede ayudarte a fortalecer tu sistema cardiovascular, obtendrás un corazón más fuerte. La velocidad de desarrollo de la base es una velocidad en la que puedes tener una conversación normal sin esfuerzo, se llama ritmo de conversación. Recuerdo que cuando empecé a correr con FIT, veía a la gente hablando mientras corría mientras yo resoplaba y resoplaba. Estaba en silencio porque mi respiración no me permitía hablar, pero eso cambió con el tiempo. Puedes hacer diferentes tipos de entrenamientos para construir tu ritmo de conversación, tu ritmo fácil. Una de ellas es una carrera larga y lenta una vez a la semana o una carrera de recuperación después de un duro entrenamiento. También puedes hacer una carrera en estado estable, que es un poco más rápida que el ritmo de la conversación. O puedes hacer una carrera larga progresiva, donde puedes correr más y más rápido a medida que las millas aumentan. También puedes hacer una carrera a largo plazo en la que puedes correr más rápido durante la primera parte del entrenamiento, seguida de una carrera a ritmo de conversación y terminada a un ritmo más rápido como inicio.

Si eres un corredor de maratón principiante debes iniciar de las 20 a 30 millas por semana y eventualmente apuntar a lograr un millaje semanal hasta 40 o más millas. Esto llevará tiempo, por lo que deberías empezar a hacerlo al menos cuatro meses antes del día de la carrera. Esto se puede lograr con tres a cinco corridas por semana. En mi caso, corro el entrenamiento de velocidad los martes, el tempo los jueves, la carrera larga los sábados y otra carrera fácil los domingos. Estas carreras deben ser en su mayoría a ritmo de conversación. El entrenamiento de velocidad y el tempo es donde se puede estirar, pero es conveniente tomar descansos.

Cuando construyas el millaje base, nunca aumentes tu millaje semanal en más de un 10 por ciento de una semana a otra.

Se necesitó paciencia para reconstruir mi vida espiritual. Creé hábitos, lo que también significaba disciplina. Disciplina es una palabra que no es divertida, pero mi motivación fue tan alta que tuve que hacerlo. Sabía que eso sólo se podía hacer con disciplina, y creo que la disciplina empieza con los hábitos. Como el granjero que empieza a preparar su cosecha, puse mi mano en el arado y no he mirado atrás. Tenemos que empezar en el cimiento. El terreno necesita ser preparado, y para mí, esto significa que tendría que estar limpio. Sabía que no podía hacerlo solo. Si trato de limpiar mi espíritu por mí mismo, siempre me quedaré corto. Nunca seré capaz de cruzar la línea de meta. Sin embargo, Jesús hizo eso por mí. Su sangre puede limpiarnos más blanco que la nieve. Mi realidad cambió en un momento. Ahora, no soy un fracaso. Estoy "en construcción". Puedo construir un nuevo yo, hay que pagar un precio, pero Jesús lo hizo por nosotros. Ahora, puedo cruzar la línea de meta. Es lo mismo que mi carrera. Tenemos que empezar con una base. Voy a construir mi casa en la roca. Vendrán vientos y tormentas, pero podré resistir si construyo mi casa sobre esa roca, y para mí, esa roca es Jesús. Una vez que he limpiado el terreno, encontrado la roca para construir, necesito usar los materiales adecuados para sostener la casa. Para mi carrera, eso significa tener una base aeróbica, un ritmo en el que se puede correr con una frecuencia cardíaca que puede mantener el cuerpo durante muchas millas. Para mi cuerpo, esto significa comer los nutrientes adecuados. Para mi negocio, esto significa encontrar mi visión y la misión. Para mi alma, esto significa perdonar y pedir perdón. ¡Necesitaba perdonar a todos los que me han hecho daño y necesitaba perdonarme a mí mismo! Las cosas no siempre son como yo quería, pero Dios siempre nos da una segunda oportunidad. ¡Nos levantaremos, correremos nuestra carrera, y cruzaremos la línea de meta!

Mi fundamento es entregar mi vida a Cristo y vivir en su presencia. Él lo llama "Permanecer en Él". Estoy conectado a la fuente de mi energía, y desde allí, puedo empezar a construir. En realidad, la rendición es diaria e influye en la forma en que vivo día a día. Decidí vivir en el momento presente. Voy a disfrutar cada momento que me traiga el día. Una vez que me levanto de la cama cada mañana, pongo los pies en el suelo y me digo a mí mismo: "Aquí es donde estoy ahora mismo, en este lugar y tiempo. No soy mi pasado. En cuanto doy el primer paso, estoy viviendo este día". Hay una cita que dice: "El ayer es historia, el mañana es un misterio, el hoy es un regalo, por eso lo llamamos el presente".

Yokoi Kenji, un motivador colombiano con padres japoneses, cuenta la historia de uno de sus maestros. Dice que la vida es como ese tipo, ese tipo que está tratando de escapar del tigre, y el tigre casi lo alcanza para comérselo. Se acerca a un acantilado y toma la decisión de saltar. Se cae por el acantilado pero se agarra a una rama de un árbol que está colgando. Pasa la noche colgado del árbol con la esperanza de que al día siguiente pueda caer y el fondo no esté tan abajo. Al día siguiente, se despierta y el sol brilla sobre una mora que no pudo ver la noche anterior. Lo primero que ve mirando hacia abajo es el tigre, esperando que baje. Mira la mora de nuevo. La mora está lista para comerla. Al colocar la mora en la boca, ésta se abre con un rico sabor que apaga su sed. Y ese es el final. "Un momento", preguntó Yokoi, "¿Dónde está el tigre?, ¿qué le pasó al tigre?" El maestro dijo: "El tigre no importa, la mora es lo importante". ¿Qué? ¿Y el tigre? El maestro continuó la clase, y Yokoi, levantó su mano una vez más y preguntó: "¿Y el tigre? ¿Qué pasó con el tigre?" Preguntó tanto que El maestro dijo: "El tigre no importa, deja de preguntar por el tigre". El tigre significa la muerte y la muerte tarde o temprano vendrá a buscarnos. Pero la mora, la mora es esa pequeña cosa en la vida que nadie puede quitar. Por eso necesitamos disfrutar de la mora al máximo. A veces no disfrutamos de las moras porque no dejamos de pensar en el tigre. No disfrutamos del lunes, martes y miércoles porque no dejamos de pensar en el fin de semana. No disfrutamos de enero, febrero, marzo porque seguimos pensando en las vacaciones de verano. No disfrutamos de la carrera de 5, 8, 10 millas porque estamos pensando en el gran maratón. No disfrutamos de la lluvia, la oscuridad, la soledad porque todo lo que queremos es el sol y la compañía. Disfrutemos de las moras. Pongamos las moras en nuestras bocas hasta que nuestros labios se tiñan de rojo. Probemos el sabor y sintamos la textura en nuestras bocas. Disfrutemos de las pequeñas cosas de la vida, cada día y cada momento. Vivamos el presente y lo más plenamente posible. Mientras escribo esto, estoy volando sobre Cuba. El hermoso cielo azul brilla sobre una alfombra de nubes blancas como el algodón. Al oeste, una línea de nubes corta el brillante sol anaranjado que se está poniendo en el horizonte. Al este, una gran luna llena blanca. La vista es preciosa y voy a disfrutar de esto. Voy a probar y a disfrutar mi mora.

Vivir en el presente significa que necesitamos empezar a enfocarnos poco a poco en las cosas que nos van a formar, esos bloques de construcción son los buenos hábitos que implementamos en nuestras vidas. Primero, moldeamos nuestros hábitos y luego nuestros hábitos nos moldean a nosotros. Para construir la base, necesitamos seleccionar los mejores materiales de construcción. Necesitamos la consistencia que los buenos hábitos pueden darnos. A nuestros cerebros les gusta la repetición y les gusta entrar en piloto automático con el mínimo esfuerzo. A nuestros cerebros les gusta permanecer en la rutina que tenemos. Por eso necesitamos llevar nuevas rutinas que nuestro cerebro pueda repetir, pero que lleven nuestra vida a los lugares a los que queremos ir. Podemos llegar a un punto en el que nuestros hábitos diarios puedan tomar decisiones por nosotros en lugar de tomar decisiones basadas en las emociones que estamos experimentando. Para crear hábitos, necesitamos empezar con los pensamientos correctos. Estos pensamientos traen emociones. Las emociones traen acciones y las acciones consistentes crean hábitos. Mis nuevos hábitos incluyen empezar y terminar mi día dando gracias, por lo bueno y por lo no tan bueno. Comienzo mi día con la oración, meditando sobre lo que el Señor me dice y escribiendo en un diario lo que estoy aprendiendo. Los buenos hábitos son difíciles de formar pero nos ayudarán a vivir más fácilmente y mejor. Los malos hábitos son fáciles de formar, pero nos darán una vida difícil. Los malos hábitos que tenemos están arraigados en nuestro cerebro y la única manera de dejarlos es reemplazándolos con los buenos. Nos convertimos en lo que pensamos, esa es nuestra visión, necesitamos escribir nuestras metas, meditar sobre ellas y actuar sobre ellas. La parte más difícil es empezar. El año pasado corrí casi 1.700 millas y completé el reto de correr 1.000 millas en un año con el estímulo de un club de corredores llamado "Club de Corredores 1.000 millas". Su lema dice: "Un viaje de mil millas comienza con un paso". Por lo tanto, ¡actúe en sus nuevos hábitos! Un paso a la vez. Mil millas comienzan con un paso.

Nuestra vida depende en gran medida de lo que hacemos cada día. Damos por sentado las pequeñas cosas que hacemos a diario, pero si aplicamos el efecto compuesto a nuestro día, veremos grandes resultados. Tal vez una carrera de 15 minutos no sea mucho, pero si leemos todos los días durante 15 minutos, hará una gran diferencia. Tal vez 5 dólares no sea mucho, pero si ahorramos 5 dólares cada día, podemos tener una gran cantidad de dinero después de varios años si aplicamos el efecto compuesto. Quince minutos de ejercicio diario pueden dar forma a nuestros cuerpos, pero esto debe ser un hábito constante.

Los hábitos que Marissa desarrolló fueron seguidos de tal manera que ahora no puede volver atrás. Le da demasiada satisfacción vivir como lo hace ahora. No quiere comer nada malo y no tiene que hacer ninguna dieta especial, sólo tiene un nuevo estilo de vida. Estos son hábitos que no se dan en una semana, toma tiempo, paciencia y trabajo. Y luego no quieres cambiarlo por nada. Esto significa disciplina. En el caso de los deportes, Marissa tuvo la necesidad de energizar su cuerpo y decidió correr. Para ella, correr significa siempre avanzar sin detenerse. Esto le da fuerza, seguridad, y también es un tiempo que tiene para pensar en sí misma y una manera para que su cerebro reciba oxígeno. Cuando corre, piensa en lo bueno que obtiene al correr. Se siente tan bien que quiere más.

Cuando hablé sobre los hábitos con mi entrenador Luis, él mencionó que todos tenemos hábitos. Los buenos hábitos pueden hacer que una persona sea próspera y saludable, y los malos hábitos hacen que una persona sea pobre o esté enferma. Esos hábitos pueden hacer que tus días sean más cortos, o pueden añadir años. No nacemos con hábitos; construimos nuestros hábitos. Los hábitos son como una llave; los malos hábitos abren las puertas a cosas que no son dignas, que no son beneficiosas. Los buenos hábitos abren las puertas a las cosas buenas y a las bendiciones. Mi pregunta para ti es, ¿qué puerta estás abriendo? ¿Estás abriendo la puerta a cosas insalubres que van a deteriorar tu cuerpo y tu mente? La clave está en tus manos porque eres tú quien tiene que construir el hábito y usarlo. Hay hábitos sociales, de salud, profesionales y espirituales, todos ellos importantes y relacionados. Por ejemplo, creo que los hábitos espirituales conectan el reino espiritual con el reino físico. Si estoy en paz con Dios y si permanezco en Él, eso se va a manifestar en lo natural. Cuando estoy corriendo, tengo un tiempo especial para disfrutar de la compañía de Dios y de la creación de Dios. Veo cómo un hábito saludable puede estar conectado con un hábito espiritual. Identifique los buenos hábitos, cambie sus viejos hábitos, reevalúe los hábitos que tiene y deje los que no son saludables. Toma 28 días para crear el hábito y 60 días para reforzarlo. Una vez que adquieras el hábito, esto aliviará a tu cerebro de la toma de decisiones.

Para hacer ajustes y crear un plan de entrenamiento, necesitamos empezar con el final en mente. Para el Maratón de Berlín, mi objetivo era terminar entre las 4:00 y las 4:15; esto significaría que mi ritmo debía ser en promedio de 9:00 a 9:10 minutos por milla. Con esta información, mi entrenador, Luis Aguilar, tuvo la amabilidad de construir un plan de entrenamiento para mí. Este plan mostraba exactamente día a día durante las 16 semanas de preparación cuánto tiempo y a qué velocidad debía correr y qué tipo de carrera debía hacer durante la semana. Si tengo un objetivo en mente puedo retroceder y empezar a trabajar en mis pequeñas metas. Mi objetivo en la vida podría ser tener un negocio que crezca para convertirse en una empresa exitosa. Podría ser para llegar a ser financieramente independiente. O podría ser para correr los seis maratones principales en Berlín, Londres, Tokio, Nueva York, Chicago, Boston. Podría ser simplemente correr un maratón en mi vida, o correr un maratón al año. Tal vez para terminar mi carrera como ingeniero de éxito, o para ser médico, o para tener el mejor restaurante. Cualquiera que sea la meta, si comenzamos con el final en mente, podemos empezar con la base y trabajar nuestro camino hacia arriba con pequeñas metas, metas anuales, metas mensuales y metas diarias. Esto nos acercará al final. A medida que alcanzamos nuestras metas, podemos crear hábitos que ayuden. Podemos superar una vieja mentalidad y renovarla. La recompensa no está en los resultados; la recompensa está en hacerlo. Y si tenemos buenos hábitos, podemos hacerlo mejor.

Tengo otro hábito de correr tres o cuatro días a la semana, entrenamiento de velocidad los martes, carrera fácil los miércoles con mis amigos de We Run Weston. Tengo Fartlek los jueves, que es una palabra sueca que significa "juego de velocidad" y es una combinación de entrenamiento continuo con entrenamiento a intervalos. En otras palabras, una carrera rápida mezclada con una carrera lenta. Luego tengo una carrera de distancia los sábados con mis amigos de FIT, Long Runs y Fumigaos. Cuando se corre un maratón, especialmente al final, algunas personas no pueden seguir adelante con la misma energía. Es como si su tanque de combustible estuviera vacío. Golpearon el muro, entonces están "Fumigaos" - un término español que significa "muerto". Esencialmente caen como una mosca por no seguir su plan y entrenamiento.

Otros hábitos que desarrollé fue cuando convertí mis tiempos de viaje en coche en una universidad. He pasado horas de entrenamiento, escuchando a los inversionistas, bienes raíces, desarrollo personal, vida espiritual, enseñanzas cristianas, reparación de crédito, emprendimiento y charlas relacionadas con la salud. Empecé a tener un diario y a leer libros, devocionales matutinos. Corto la televisión y sólo veo contenido audiovisual. Es necesario crear hábitos para darle al cerebro una rutina y acostumbrarse a las repeticiones que nos van a llevar a un mejor lugar.

Otro buen hábito es el de celebrar. Celebrar los pequeños y grandes logros. Cuando termino una venta, lo celebro, aunque sea llevando a mis hijos a tomar un helado. Fue un hermoso día con un glorioso amanecer, completamos nuestras primeras 10 millas, estábamos regresando al parque y los entrenadores y corredores de FIT nos estaban esperando. Tenían una línea de meta con una cinta rodeada de globos y con música hawaiana de fondo. Al cruzar la línea de meta, fuimos recibidos con un lei hawaiano y una celebración. Era la celebración de nuestras primeras diez millas. No dejes pasar esos momentos, las buenas notas de tu hijo, los cumpleaños, las metas alcanzadas, siempre haz un punto para celebrar.

Un hábito que me ayudó a motivarme es mi hora de energía matutina. He puesto mis sueños y metas en una presentación con fotos. Es una compilación de mis sueños, y al verlos cada día, los visualizo como si ya los tuviera. Por ejemplo, quiero ser un mejor padre. Así que tengo una foto de mis hijos y me visualizo como si fuera el mejor padre. Quiero ser el mejor piloto, así que me visualizo de esa manera. Quiero calificar para la maratón de Boston, así que tengo una foto de la línea de meta de la maratón de Boston y una fecha al lado. Ese es mi tiempo de visualización. Todo lo que sucede en el reino de lo que puedes ver, sucedió antes en el reino de lo que no puedes ver. Eso es la fe - viéndote a ti mismo como quien eres, donde quieres estar, lo que quieres hacer, y lo que quieres tener. Comienzo mi hora de poder matutino bebiendo dos vasos de agua con limón, meditando con Dios y escribiendo mis afirmaciones. Escribo durante unos minutos de cómo soy y cómo me ve Dios. Declaro en papel que soy todas esas cosas maravillosas que tengo en la lista. Luego hago mis visualizaciones. Entonces, haré ejercicio haciendo flexiones y abdominales. Finalmente, leo durante diez minutos algo que me levanta, mientras tomo un gran café colombiano.

En resumen, para construir los cimientos, hay tres factores clave a considerar: consistencia, fuerza y hábitos. La mayoría de los programas de entrenamiento para maratones son de 16 semanas, pero incluso antes de que te sumes a tu primer plan, necesitas hacer una preparación previa a la maratón. Para ser consistentes como corredores, lentamente añadimos distancia a nuestras carreras. Además, necesitamos hacer consistentemente un número de carreras por semana. Esto puede ser tres o cuatro veces por semana, o incluso más para aquellos que están más avanzados y tienen metas más desafiantes. Para los principiantes, tres veces a la semana está bien. Pero lo importante es construir un programa y cumplirlo. La idea es acostumbrarse a correr de forma consistente, y centrarse en la postura y la técnica. En este punto, no hay necesidad de prestar atención a correr más tiempo o más rápido; sólo hay que crear el hábito de correr ciertos días de la semana.

La base es la capacidad de correr un cierto número de millas de forma cómoda; esto dictará la intensidad del entrenamiento. Se llega a estar FIT en lo físico, pero un FIT mental y un FIT del alma es igualmente importante para correr una buena carrera. Si tienes en cuenta el motivo por el que corres, ya sea para lograr una meta o un sueño, te dará el impulso para soportar el entrenamiento y para afrontar las dificultades durante la carrera. En la vida, es importante tener en cuenta el POR QUÉ - lo que te inspira. ¿Cuál es tu propósito y cuál es su pasión? Mark Allen (9) (Phillips, 2019), seis veces campeón hawaiano del Campeonato

Ironman, habla de encontrar un lugar tranquilo en todo lo que haces, desarrollando la dureza mental. En una carrera, por ejemplo, si la vocecita que llevas dentro te dice que no lo vas a conseguir, las cosas empiezan a perder su forma en tu mente. Entonces, necesitas respirar profundamente, y llegar a ese lugar tranquilo para ponerte en el estado de ánimo adecuado. Es posible que desees comenzar antes de la carrera o el entrenamiento para encontrar primero ese lugar tranquilo y luego traducir esa sensación cuando estés en movimiento. (Phillips, 2019). Anteriormente hablé de crear nuevos hábitos. Para mí, un nuevo hábito que he desarrollado es empezar el día en un lugar tranquilo, dando gracias, y meditando en la bondad de Dios y orándole. Esta sensación puede ser transferida a la carrera. Cuando tu mente comience a ir en la dirección de arrojar la toalla, sentir dolor o descalificarse a sí mismo, puedes venir a ese lugar tranquilo. Entonces, empieza a traer pensamientos nuevos, positivos y fuertes. Llega a un punto en el que te relajes, escuchas tu respiración, miras a tu alrededor y dices que esto es vida, y esto es genial. Esto es renovar tu mente y es vivir en el presente. Estoy viviendo este momento ahora. Estoy disfrutando de esta mora.

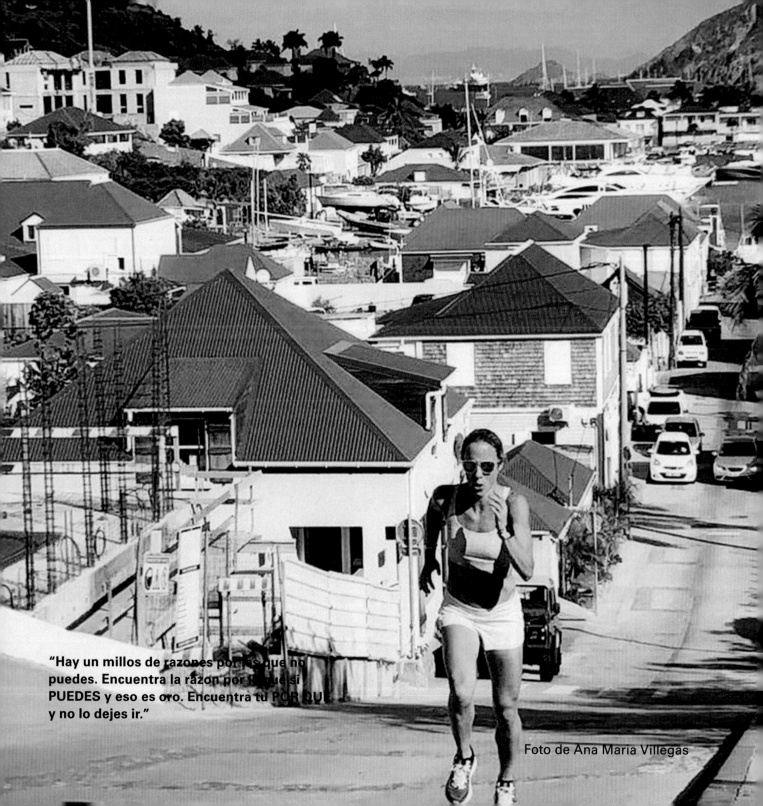

"Hay un millos de razones por las que no puedes. Encuentra la razón por la que sí PUEDES y eso es oro. Encuentra tu POR QUÉ y no lo dejes ir."

Foto de Ana Maria Villegas

Foto de Luis Tovar

"No importa que tan rápido o que tan lejos. No importa si hoy es tu primer día o si has estado corriendo por veinte años. No hay un examen para pasar, no hay membresía para unirse. Tu solo corre."

Friends in Training

Foto de Luis Tovar

Tenemos nuestra propia carrera, pero la podemos correr juntos.

Capítulo 2.
CONSTRUYE

Preparación

Tienes tu base establecida. Te sientes cómodo corriendo de 10 a 15 millas. Ahora es el momento de pensar en la carrera que se avecina. Ahora es cuando puedes construir en tu base. Necesitas prepararte para El Maratón que se avecina. La preparación es crucial, pero también hay que prepararse para el éxito. Si me preparo para algo, entonces me tomo esa tarea en serio. Me preparo para el día, una reunión, una clase o para un trabajo. En todo lo que hacemos, la preparación es la clave del éxito. Si no tengo éxito en ciertas áreas de mi vida, tal vez sea porque no estoy bien preparado. Para que un campo produzca cultivos, es necesario que haya una preparación. Hay que despejar el terreno, arar la tierra, plantar las semillas y regarlas. Sólo después de la preparación adecuada vendrá la fruta. Mi vida es un campo que está constantemente en preparación. El fruto es dado por el Espíritu de Dios y eso es amor, gozo, paz, paciencia, amabilidad, bondad, fidelidad, mansedumbre y dominio propio. La preparación es la oración, la fe, el creer, el vivir en una relación con Dios, y el permitirle venir y preparar la cosecha. En todo lo que hagas, prepárate y pregunta, ¿qué puedo hacer para prepararme? Si quieres terminar la carrera con éxito, tienes que prepararte para ello.

Miami y South Beach son dos de los lugares de vacaciones más populares del mundo. Son lugares vibrantes con gente de todo el mundo. Mis compañeros de carrera son de Argentina, Bolivia, Brasil, Colombia, Costa Rica, Corea, Rusia, India, Jamaica, Venezuela, Reino Unido, Israel, y de todos los Estados Unidos, lo que sea. El sur de la Florida es un lugar de contraste y uno de los únicos lugares en los que he visto a los rusos bailando salsa. Puedes encontrar cocina latina de alta gama y cocina casera tradicional. El sur de la Florida es el hogar del pastel de lima y de los tequeños, el espresso y el cortadito. Tienes el bullicio de la Calle Ocho y los escondites históricos de Coral Gables. Es uno de los pocos lugares donde la gente habla Spanglish. Odio cuando los locutores de radio hablan en spanglish, "Oye mija, puse el pollo in the oven, and I hope no se me queme, epale niña vamos a janguear en la marketa."Esa es la gente del sur de Florida. Pero lo mejor del sur de la Florida es la gente y ¡El Maratón de Miami!

El Maratón de Miami requiere mucha preparación. El Maratón de 2017 fue especial porque celebraba 15 años. Unas semanas antes del maratón, el director acudió a Amigos de Entrenamiento para promocionar la carrera. Fue un momento especial porque nuestra líder Marcela ha corrido todos los maratones de Miami. Compró camisetas de todas las maratones; no creo que nadie tenga una colección así. En la exposición, más de 24.000 personas vienen de todo el mundo para recoger sus paquetes. El clima era hermoso con un cielo despejado. Pero el día siguiente fue un contraste; fue un día lluvioso, frío, nublado y ventoso. Después de muchas semanas de preparación, puedo decir que realmente he desarrollado mi capacidad y estaba muy emocionado de realizar un récord personal. Mucha gente vino a la carrera con ponchos o bolsas de basura plásticas para proteger la parte superior de su cuerpo de la lluvia. Opté por la bolsa de basura, y realmente ayudó. Mi estrategia fue correr toda la carrera haciendo un horario de Galloway. Seguimos el horario al pie de la letra con mis amigas Ana

María y Marisa, aunque Ana María sólo iba a estar con nosotros durante el primer tiempo. La idea era correr una milla, caminar un minuto a un ritmo de 15 minutos por milla y 10:30 minutos por milla durante la carrera. Estábamos sincronizados, corriendo como un reloj suizo. Pero cuando Ana María se fue porque estaba haciendo sólo la mitad, de repente toda la música y la ovación se detuvo y se puso muy tranquilo. Mantuve el ritmo con Marissa, pero desafortunadamente, ella tuvo un calambre en la milla 23. Así que se quedó un poco atrás, y aunque hacía frío, el ánimo de todos nos mantuvieron calientes.

Por eso hacemos nuestros corazones más fuertes y comemos mejor. Pero para correr la distancia, necesitamos fortalecer nuestros músculos. Hay pocos ejercicios que nos ayuden a construir la resistencia. Nuestros hábitos deben incluir tiempo para hacer ejercicio. Nuestros músculos dan estabilidad a nuestros huesos y proporcionan equilibrio. No sólo necesitamos ejercitarlos, sino también estirarlos y calentarlos. Algunos ejercicios nos ayudan a fortalecer nuestros abdominales, rodillas, glúteos, tendones, cuádriceps y pantorrillas. Ejercicios como peso muerto de una sola pierna, las mini sentadillas de una sola pierna, los saltos de reverencia, los saltos de caminata, las sentadillas, los tablones, los tablones laterales, entre otros, pueden desarrollar la fuerza que necesitamos para correr más rápido y por más tiempo. Ya sea que elijas hacerlo en el gimnasio, en casa o fuera de ella, deja que se convierta en un hábito. Correr tres días a la semana y hacer dos días de ejercicios de fortalecimiento es un buen plan. Concéntrate en trabajar las áreas que necesitas. Haz dos series de 15 repeticiones cada una, dos veces a la semana, cualquiera que sea tu número, sigue adelante. Haz que suceda. No des el 99,9%, da el 100%. Cuanto mejor sea el entrenamiento, mejores serán los resultados. Nuestro objetivo es la calidad. El ejercicio puede ayudar a la función de las rodillas, aumentar la capacidad aeróbica, la fuerza muscular, reducir la mortalidad en un 27% y reducir la mortalidad cardíaca en un 31%. También mejora la función física, la calidad de vida, reduce la depresión, la hipertensión y controla o previene la diabetes, entre otras cosas.

Los ejercicios de fuerza ayudan a disminuir la pérdida de tejido muscular con el proceso de envejecimiento. Para mantener una buena forma de correr, es muy importante fortalecer los músculos centrales. Esto ayudará a estabilizar las caderas y las rodillas y a prevenir lesiones. Cuando un grupo de músculos es débil y no es eficiente, el cuerpo tratará de compensarlo con otros músculos. Esto a su vez crea un desequilibrio entre grupos musculares opuestos. Cuando los músculos son fuertes, mantienen la alineación de las articulaciones, eliminando o minimizando el desequilibrio. Nuestros músculos de las piernas se entrenan principalmente para la resistencia, no para la fuerza, por lo que el entrenamiento de fortalecimiento puede ayudar a generar fuerza.

Si tus músculos no pueden ganar fuerza, tendrán que trabajar más. Algunos ejercicios pueden ayudar a tu cuerpo a desempeñarse mejor en una amplia gama de movimientos, como sentadillas y arremetidas. El equilibrio puede mejorarse con ejercicios como las mini sentadillas de una sola pierna o los levantamientos de una sola pierna. Un ejemplo de ejercicios básicos son las diferentes formas de tablones. La fuerza muscular se puede obtener con ejercicios que trabajan músculos específicos del cuerpo, como pantorrillas, tendones o glúteos. Estos músculos son importantes porque apoyan y dan estabilidad a todo el cuerpo durante esos movimientos de rango completo. Correr sólo puede llevarte hasta cierto punto. Tendrás que hacer otras actividades además de correr. Es muy importante añadir un poco de entrenamiento cruzado a su semana con el ciclismo, la natación o el gimnasio. Incluso puede hacer ejercicios usando su peso corporal en casa o en el parque. Es importante hacer un calendario de al menos dos días a la semana para el entrenamiento de fuerza. Para mí, los miércoles y viernes son mis días de entrenamiento de fuerza. Finalmente, uno de los aspectos más importantes de la preparación es la movilidad diaria y las sesiones de movimiento; deben ser un hábito. En algún tiempo libre de cada día, dedique diez o quince minutos a cuidar de su cuerpo. Puede hacer estiramientos en el sofá, estiramientos con rollo *foam rolling*, estiramiento de pantorrilla o estiramiento del pie. El sábado pasado, estaba corriendo 20 millas y sentí una pequeña molestia en mi cuádriceps derecho y sabía que necesitaba atacar esta zona con un entrenamiento de fuerza.

Estamos hechos para correr. Nuestros cuerpos están construidos para correr largas distancias; un estudio llamado "La ciencia de la carrera de maratón" (10) (PBS Digital Studios, 2016) desarrolla este tema. Los humanos compiten con muchos animales y los derrotan en carreras de larga distancia. El guepardo, por ejemplo, sólo puede correr unos tres kilómetros antes de recalentarse. La adaptación del cuerpo humano a las largas distancias era clave para las actividades de caza en el mundo de antes. Tenemos canales auditivos agrandados que nos ayudan a mantener el equilibrio mientras corremos. Considerando que hacemos contacto con el suelo con un solo pie el 100% del tiempo, esta es la importancia de los ejercicios de equilibrio. Nuestros reflejos oculares nos ayudan a mantener el cerebro sin movimiento mientras nos movemos hacia arriba y hacia abajo. Los brazos cortos y los tobillos delgados nos ayudan a no hacer tanto esfuerzo cuando nadamos. Los hombros anchos, una cintura delgada y una pelvis estrecha nos ayudan a contrarrestar la rotación cuando movemos las piernas. Glándulas sudoríparas, menos vello corporal y cuerpos delgados nos ayudan a bajar el frío dispersando el calor muy rápidamente. El flujo de sangre del cerebro puede mantenerlo frío. Los grandes músculos del glúteo mayor ayudan a estabilizar la parte superior del cuerpo. Las articulaciones de alta superficie en las caderas, rodillas y tobillos ayudan a la absorción de impactos. Los músculos inferiores de las piernas están construidos como bandas elásticas; cada vez que nuestro cuerpo golpea el suelo, entrega hasta ocho veces la fuerza de nuestro cuerpo. Son como 1.400 libras que golpean el suelo, y esta fuerza aterriza en una superficie muy pequeña de nuestro pie. Dios creó en nosotros un sistema de palancas que disipa esta fuerza a medida que la fuerza va subiendo para llegar al cerebro con impacto cero. Nuestros pies se expanden y se extienden como un amortiguador. El tendón de Aquiles, permite la flexibilidad de los músculos de la pantorrilla, y el tobillo actúa como una palanca para absorber hasta el 50% de la energía. Al utilizar la energía cinética almacenada en lugar de la energía química, podemos llegar más lejos con menos trabajo.

La energía para el funcionamiento se suministra en forma de ATP (trifosfato de adenosina). Esto es producido por nuestros músculos a través de dos proteínas, la actina y la miosina. La contracción muscular es producida por las cabezas de miosina. El sitio activo de la actina está expuesto al Ca^{2+} se une a la troponina, la cabeza de la miosina forma un puente cruzado con la actina. Durante el golpe de potencia, la cabeza de la miosina se dobla, se libera ADP más fosfato, una nueva molécula de ATP se adhiere a la cabeza de la miosina, causando que el puente cruzado se desprenda. El ATP se hidroliza a ADP y fosfato, lo que devuelve la miosina a la posición inicial de amartillamiento para iniciar una nueva contracción. Nuestros músculos sólo tienen almacenados un par de segundos de ATP, por lo que lo estamos reponiendo constantemente. Un cuerpo que pesa alrededor de 165 libras, recicla alrededor de 75 kg de ATP durante un maratón, casi todo el peso corporal. Estos 75 kg de ATP liberan la misma cantidad de energía que un kilogramo de TNT en una explosión. Nuestro cuerpo obtiene ATP de un par de maneras; si corremos a toda velocidad a un ritmo anaeróbico, nuestras células utilizarán un proceso ineficiente llamado Glicólisis. Al correr a un ritmo más lento, nuestro cuerpo utilizará un proceso mejor llamado el Ciclo de Krebs y la Cadena de Transporte de Electrones. Mediante el uso de la glicólisis, nuestro cuerpo produce alrededor de 2 unidades de ATP por glucosa. Al utilizar el ciclo de Krebs, nuestro cuerpo produce alrededor de 38 unidades de ATP por glucosa. Nuestro cuerpo requerirá más glucosa para producir ATP a toda velocidad, y la energía se obtendrá del azúcar. A un ritmo más lento, se requiere una menor cantidad de glucosa para producir más ATP, ya que la energía se toma de la grasa. Este es otro factor importante para la nutrición antes y durante la carrera, para producir la glucosa y el glucógeno para la carrera.

Pensar en todas las muchas funciones que nuestro cuerpo cumple mientras corre una larga distancia me hace sentir admiración hacia nuestro creador. El cuerpo humano es la máquina más asombrosa. Cuando un médico vio lo perfecto que era nuestro cuerpo, pasó de ser un ateo a un creyente en Dios. A la edad de 15 años, uno de sus mejores amigos con su familia fue víctima de un asesinato. Se enseñó a sí mismo que Dios no debería permitir que esto sucediera. Huyó de Dios. Se enojó con Dios y se volvió ateo hasta que estudió el cuerpo humano. No podía entender cómo el cuerpo humano era tan perfecto. Pensó que era una obra de arte y que algo con ese orden podría provenir del desorden. Lo único que podía pensar es que un artista, un creador, era la razón de ser del cuerpo humano. El doctor explica que la física dice que a menos que haya una fuerza externa, el orden se mueve hacia el desorden. Esto es un conflicto con la idea biológica de que todo es una forma de evolución. En este conflicto, entregó su vida a Dios. Nuestro cuerpo puede responder a la demanda de una carrera y nuestra mente puede decirle a nuestro cuerpo qué hacer y cómo hacerlo.

Forma

(Holly, 2017) Cuando llegué a los Estados Unidos, sentí que era menos que los demás. Como muchos inmigrantes que volvieron a empezar en este país, tuve que hacer trabajos al azar. Entregué periódicos en Nueva York con mis primos. Tuvimos que trabajar largas horas por la noche cargando pilas de periódicos y luego arrojándolos a lo largo de una ruta hacia docenas de casas. La parte más difícil del trabajo fue hacerlo en invierno porque teníamos que conducir con las ventanas abiertas. Sin mencionar que las condiciones de los caminos después de la caída de la nieve eran difíciles de manejar. Recuerdo una noche en la que tuvimos que subir una colina y los caminos estaban cubiertos por una lluvia helada. Una señora que trabajaba en una tienda de delicatessen estaba esperando en la cima de la colina para ir a trabajar y tenía miedo de ir sola. Nos pidió que la lleváramos al pie de la colina a la tienda de delicatessen. Nos dijo que si la bajábamos, nos daría un bagel con café. Empezamos a bajar y la única forma de conseguir algo de tracción era bajar con la marcha atrás. Fue un gran reto bajar, pero lo logramos. Ese fue el mejor bagel y café que he comido en mi vida.

Después de casi dos años de repartir periódicos y aprender inglés, llegué a la Florida y trabajé como ayudante de construcción, y más tarde como taxista. No tengo nada en contra de estos trabajos porque todo trabajo que es ético y decente es honorable. Por el contrario, tengo un profundo respeto por las personas que hacen cualquier trabajo que implique un trabajo duro. Pero fue duro para mi ego; yo era un piloto militar y estaba acostumbrado a hacer otro tipo de trabajo. Recuerdo una vez que recogí a dos pilotos del aeropuerto para llevarlos al hotel. Se veían bien con sus uniformes. Cuando miré a uno de ellos de cerca desde el espejo, me di cuenta de que era uno de mis compañeros de la academia de la Fuerza Aérea. Me sentí feliz por él de que estuviera volando para una prestigiosa aerolínea. Pero al mismo tiempo, sentí lástima de mí mismo porque apenas ganaba lo suficiente para llegar a fin de mes. Solía caminar con la cabeza baja, la espalda ventilada hacia adelante y sin prestar atención a la forma. Ahora, cuando miro hacia atrás, sé que Dios me estaba enseñando dos cosas: la primera es que la identidad de una persona no está en su carrera, sino en lo que somos, y la segunda, que yo estoy perfectamente hecho. Soy creado a imagen de Dios, mi ciudadanía está en el cielo, soy príncipe del Rey de Reyes, Señor de los Señores, y que pertenezco a Dios. Esto cambió la forma en que me veía a mí mismo. Cambió mi forma. Ya no camino con la cabeza baja; camino con la cabeza alta. Estoy orgulloso de mí mismo porque mi Padre Celestial está orgulloso de mí. Lo sé porque estoy orgulloso de mis hijos. Camino como un príncipe, como un embajador, como un hijo de un rey, y eso es porque es lo que soy. También tú estás hermosamente hecho a imagen de Dios; eres como la pupila de Su ojo. Incluso si ustedes están pasando por momentos difíciles en este momento, pueden caminar con la cabeza en alto y con forma porque Dios está orgulloso de ustedes.

Aprendí mucho sobre la forma de mi amiga Christina. Comenzó su experiencia en el mundo de las carreras cuando fue a trabajar a una tienda de carreras en Miami. Aprendió mucho sobre correr durante su estancia allí de los corredores y de los propietarios que la trataron como a una hija. Aprendió de diferentes personas que llegaron a la tienda con diferentes lesiones, cómo un zapato puede ser bueno para una persona pero no bueno para otra. Pero lo más importante que aprendió fue la forma. A veces me doy cuenta de que algunos de mis amigos en la última parte de las carreras largas miran hacia abajo, con sus espaldas dobladas hacia delante y los brazos colgando. No prestan atención a su forma.

Christina enseña a los miembros de la FIT sobre la forma. Hizo videos de todos en la clase y los analizó para mostrar las áreas que necesitan ser corregidas. La postura y la forma son la manera en que se colocan o mueven las partes de su cuerpo para un funcionamiento adecuado. Estas son algunas recomendaciones para una buena postura al correr:

- Omóplatos: Quieres tener una ligera retracción de tus hombros. Esto significa que sus omóplatos deben estar ligeramente hacia atrás. Esto ayudará a la expansión de los pulmones y a mejorar la capacidad respiratoria.
- Posición de la cabeza: Tu cabeza tiene que estar recta, mirando hacia adelante. Tu barbilla no debe estar hacia adelante y no mirar hacia abajo. Esto ayudará a mantener sus vías respiratorias despejadas para una mejor circulación de la respiración.
- Posición de los brazos: Algunas personas corren con los brazos demasiado lejos del cuerpo, o con los brazos y las manos por todas partes. Los brazos deben tocar ligeramente la caja torácica y no deben estar cruzados delante del pecho. Sus brazos deben estar en un ángulo de 90 grados.
- Núcleo: Necesitas activar tu núcleo, pero evita la rotación excesiva de tu núcleo. La activación puede ayudarle en el posicionamiento de la cadera para una carrera más eficiente.
- Posicionamiento de los pies: Evite la rotación interna o externa de sus pies. Piensa en cómo vas a aterrizar. Necesitas aterrizar en medio de tu pie.

Ahora, al juntar todo esto, necesitas tener una ligera inclinación hacia adelante en tu cuerpo. Una vez tuve un dolor en la cadera y me di cuenta de que esto sucedía porque estaba corriendo con la parte superior de mi cuerpo hacia arriba, casi con una ligera inclinación hacia atrás. Si corres muy recto, la fuerza de la gravedad bajará directamente a tus talones, causando presión en tu cadera.

La forma está directamente conectada al rango de movimiento o flexibilidad. Una buena forma requiere una buena flexibilidad. Por esta razón, un elemento clave para mantenerse flexible es el estiramiento. Además, cuando se corre, es importante mantenerse relajado porque la tensión muscular puede reducir el ahorro de la carrera. Si mantenemos un control mental de nuestra forma y estamos relajados, seremos más eficientes. Evite el levantamiento exagerado de la rodilla y el sobre-deslizamiento. Intenta no aterrizar demasiado lejos de tu centro de gravedad.

Básicamente, hay tres golpes de pie en marcha. Nate Helming (11) (Holly, 2017) de La Experiencia de Correr, explica muy bien cómo tener un buen golpe de pie y cómo mejorarlo.

- Aterrizaje de talón: Aquí es cuando el talón golpea el suelo primero.
- Aterrizaje con el pie medio: Cuando todo el pie golpea el suelo al mismo tiempo, pero principalmente la parte media del pie.
- Aterrizaje con el frente del pie: Cuando la parte delantera del pie golpea primero. Algunas personas dicen que el golpe de talón es malo, pero en realidad hay veces en que usamos cualquiera de estos golpes.

En general, el aterrizaje de medio pie es la mejor. Lo que es malo es cuando usamos el golpe equivocado para la situación equivocada durante largos períodos de tiempo. Muchas personas con problemas de cadencia utilizan el golpe de talón para carreras largas y lentas, y esto es malo. Esto puede deberse a la rigidez de las caderas, a la poca fuerza del núcleo y a la falta de balanceo del brazo. Si bajo por una colina empinada y necesito poner los frenos, es cuando uso el golpe de talón. Pero tan pronto como esté en una superficie plana, debería volver al golpe de medio pie. Si quiero llegar a la meta, un golpe con el pie delantero es lo mejor, pero si se usa durante largos periodos de tiempo puede ser duro para los dedos de los pies. He visto a personas que han desarrollado ampollas, e incluso han perdido las uñas de los pies, en un maratón debido al uso excesivo del golpe con el pie delantero.

Para Christina, correr era como una terapia. Compitió durante algunos años en triatlones y medias maratones. Aprendió por sí misma sobre los métodos de entrenamiento. Los momentos en los que corría sola eran especiales para ella porque meditaba. Sentía que estaba conectando con ella misma y con Dios. En ese momento, ella se sentía confundida acerca de quién era, y tal vez no se imaginaba que Dios la usaría para ayudar a gente como yo. Si pienso en la forma, es por lo que Christina me enseñó. Cuando llegamos al fondo, no hay otro camino que subir, y eso es lo que le pasó a Christina, y correr fue una gran ayuda en su nuevo viaje. Correr le dio la oportunidad de reflexionar, limpiar sus pensamientos, deshacerse de lo malo y abrazar lo bueno. Era el momento de ponerse en forma.

Te Necesito

Aunque estés pasando por momentos muy difíciles, Dios está contigo. No estás solo. Lo creas o no, hay una diferencia cuando entrenas solo y cuando entrenas con un grupo. Cuando corres solo, es como si estuvieras en una burbuja. Sientes cada paso y cada milla como si estuvieras solo; no hay nada malo en ello. Pero cuando se pone la dinámica de un grupo, o de otra persona, en la mezcla, es diferente. No te sientes solo. Estás al lado de alguien que te entiende y que siente lo mismo que tú. No es una carga, ya que tienes ganas de ver a tus amigos. Se ríen juntos, lloran juntos y se apoyan mutuamente. Son como amigos, y esto puede ayudarlos. Es lo que Amigos en Entrenamiento puede darte. Todos estamos entrenando, pero somos amigos.

Durante El Maratón de Berlín, tuve un calambre en el músculo sóleo que me hizo cojear casi la mitad de la carrera. Cuando volví a casa, necesitaba ayuda para averiguar cómo mejorar. Estoy tan agradecido por el ángel que Dios me envió, Christina. Me di cuenta de que se necesitaba un calambre para llegar a ella, pero Dios usó ese dolor para traerme algo mejor. Christina me dio una rutina de ejercicios para la fuerza muscular que sigo tres veces por semana y que he pasado a otros amigos. Así es como trabaja Dios: Tienes una necesidad, te das cuenta de que tienes que llegar a alguien, y que no puedes hacerlo todo por ti mismo. Dios provee la ayuda que usted necesita a través de otras personas. Obtienes el beneficio, y luego lo pasas a otras personas. Si tomas todo lo que Dios te ha dado y lo guardas para ti mismo, estás cortando la bendición para alguien más. Esa es la razón principal por la que estoy escribiendo este libro, excepto por el hecho de que me sentí obligado por Dios a escribir el mensaje que me dio. Quiero compartir lo que me ha funcionado y lo que he aprendido de otros profesionales y de otros corredores, tanto en lo físico como en lo espiritual. Respeto lo que funciona para ti, pero aún así quiero transmitirte mi bendición. Es como la canción de Reba McEntire (12) (Roth, 1983) que va así:

Una sonrisa no es una sonrisa hasta que se arruga la cara Una campana no es una campana sin sonar

Un hogar no es un hogar cuando no hay nadie allí Una canción no es una canción sin cantar

Y EL AMOR NO ES AMOR HASTA QUE LO REGALAS.

Si tienes algo que ofrecer, regálalo, y si necesitas algo, busca y pide ayuda.

Heather Dornidem era una corredora de pista que competía por la universidad de Minnesota. En 2008 corrió la final de los 600 metros femeninos. En su última vuelta, estaba en cabeza cuando sus pies se enredaron con otro corredor y se cayó. Cuando se levantó, ya estaba detrás de todos los corredores. En esta carrera, se sentía casi demasiado corta para alcanzarlo. Pero se levantó y empezó a alcanzar el tercer lugar, luego el segundo. Todo el mundo sabía que ella corría más rápido que nadie y que era cuestión de tener suficiente pista para hacerse cargo de la primera corredora. Lo hizo - superó a la primera corredora y terminó ganando la carrera por 0,04 segundos. Se cayó, pero aún así ganó. Muchos recuerdan esta increíble carrera porque nunca se rindió. En una entrevista, Heather mencionó que lo que la hizo regresar tan fuerte fue ayudar al equipo, y la idea de que sí, ella puede hacerlo. Si caemos en la vida, eso no significa que perdamos nuestra carrera. Sí, podemos levantarnos, y sí, podemos ganar, y sí, podemos hacer esto.

Puede que la vida no siempre sea como tú quieres, pero aún así puedes ganar. Veo la historia de muchos de mis amigos de Venezuela que dieron un giro a su vida, pero siguen siendo ganadores. Algunos de ellos son médicos que tuvieron que conducir un taxi, ingenieros que tuvieron que lavar pisos y arquitectos que tuvieron que atender mesas. Tuvieron una caída en sus vidas pero se levantaron y encontraron mejores trabajos donde aprendieron a honrar a los que venden flores en la calle o contestan teléfonos en un centro de llamadas. Descubrieron que cualquiera que haga un trabajo honorable es una persona honorable. Saben que tu identidad no está relacionada con lo que haces, pero es lo que eres.

Cuando tienes un giro inesperado en tu carrera, es difícil creer que vas a ganar. Dios no cree de esta manera. Sabe lo que es caer; le sucedió cuando llevaba su propia cruz. Pero se levantó y fue a la victoria. Así que te escribo a ti, mi amigo campeón. Si eres bendecido, feliz y realizado, bien por ti. Disfrútalo y agradécelo. Pero si te has caído y sientes que la carrera es demasiado dura para sobrevivir, te digo como la carrera de Heather, no te rindas. Dios nunca se dará por vencido contigo. Él te ha dado la victoria. Eres un ganador.

Así que hablamos de la base y una vez que la tengamos, será el momento de construirla. Antes de aventurarse a correr un maratón, es mejor empezar con carreras más pequeñas, 5k, 10k, media maratón, cada una tiene su propio plan de entrenamiento y si tenemos paciencia llegaremos a ello, progresivamente habrá que ir acumulando tiempo y distancia. Lo primero es lo primero, prepárate para correr distancias más cortas. Hazlo parte de tu rutina. Vivo en Weston, Florida, y tenemos un grupo muy agradable que funciona los miércoles. El grupo está patrocinado por Sistema de Salud Bautista y es una manera de traer opciones saludables a la comunidad. El Club de Carredores Bautista de Weston es muy divertido y he conocido a algunos de mis mejores amigos allí. Normalmente nos reunimos los miércoles por la noche y corremos unas 4 millas a cualquier ritmo que quieras. Les animo a que encuentren un grupo pequeño para correr distancias cortas. Si consideras que no estás en muy buena forma, o si no estás acostumbrado a correr, puedes empezar con una combinación de correr-caminar hasta que seas capaz de correr unos 30 minutos sin parar. Para entonces, deberías estar listo para un 5K. Entonces, puedes empezar a entrenar para un 10k. Una vez que puedas correr durante unos 60 minutos sin parar, estarás listo para una carrera de 10 km. Luego puedes comenzar un programa de entrenamiento de 12 a 14 semanas para un medio maratón incorporando en tu rutina las carreras de tiempo, el Fartlek y el entrenamiento de velocidad. FIT es un grupo que ayuda a las personas a alcanzar este objetivo, lo principal a ese nivel de disciplina. Este proceso puede llevarte unos nueve meses, por lo que ahora es el momento de empezar el entrenamiento.

Si ya has completado algunas carreras, puedes estar acostumbrado a correr dos o tres veces por semana. Pero tienes que seguir construyendo y aumentando tus millas. En el programa de entrenamiento de maratón que tu elijas, las carreras largas suelen ser los fines de semana. Puedes empezar a aumentar tus millas hasta que alcances las 20 o 22 millas en las carreras largas durante el período de entrenamiento. Estas carreras deberían ser fáciles. Para mí, y algunos de mis queridos amigos, hacemos algunas millas a ritmo de MAF aplicando el Método de Maffetone; Básicamente, nuestro objetivo es mantenernos en el rango aeróbico durante las carreras largas. El Dr. Maffetone da una fórmula: 180 menos tu edad más 5 para darte tu ritmo de MAF de Función Aeróbica Máxima si estás en buena forma. Si mantienes el ritmo en MAF, podrás construir una muy buena base aeróbica. Pero si por alguna razón no puedes hacer tu entrenamiento durante la semana, verás que la carrera larga durante el fin de semana será más difícil de hacer. La única vez que se reduce el régimen es durante las dos últimas semanas de entrenamiento para disminuirlo. Recuerda mantener una buena dieta nutricional, un buen descanso y dormir adecuadamente.

Todo esto es posible de lograr por ti mismo. Pero es mejor si lo haces con la ayuda de otros. Creo que nunca podría haber empezado sin la motivación de Marcela, logrado los maratones que he corrido sin la ayuda del entrenador Luis, o haber logrado las carreras largas sin la ayuda de los Fumigaos, FIT, y mi grupo especial de Largas Carreras. No creo que hubiera podido mantener la consistencia de mis carreras cortas sin la ayuda del Weston Club de Corredores, o haber mejorado mi velocidad sin la ayuda de Luis Tovar. No creo que hubiera podido mejorar mí forma sin la ayuda de Christina, mantener mi concentración sin la ayuda de Ana María Villegas, o haber mantenido mis objetivos sin la ayuda de Reto de 1,000 millas. Todos necesitamos gente. Dios nos creó de esta manera. Este libro es para honrar a todos los clubes de corredores por traer a personas con metas similares para motivarse y ayudarse mutuamente.

Dios nos ha creado para que seamos interdependientes los unos de los otros. La mejor manera de vivir es si hago algo por alguien más. Eso se refleja incluso en la atención al cliente. El rabino Daniel Lapin habla de esto en su libro "Secretos de Negocios de la Biblia" (13) (Lapin, 2014). Necesitamos encontrar el área en la que podamos servirnos unos a otros, y en el desarrollo de eso, encontramos nuestra verdadera carrera. Podemos convertirnos en especialistas si encontramos el área para la que hemos sido creados. He llamado varias veces a la puerta de mi amigo Joaquín, un corredor de Weston, para pedirle ayuda para arreglar algunas cosas en mi casa que yo no puedo hacer, pero que él sí puede hacer porque es un especialista. Él me ayuda y ambos nos beneficiamos de ello. Si nos ocupamos de todas nuestras necesidades solos, entonces no nos necesitamos unos a otros. Pero ese no es el plan de Dios. Es el plan de Dios es de ayudarnos unos a otros; por eso hay médicos, taxistas, panaderos, y toda otra profesión. Por eso es importante encontrar la forma más elevada de servirnos unos a otros. Los buenos negocios son aquellos que venden productos o servicios que mejoran la vida de los demás, que resuelven sus problemas y les dan una vida mejor. Es adorar a Dios ayudando a otros a cumplir sus sueños y ayudarles a ganarse la vida para que puedan cuidar de sus familias.

Biomecánica

Christina lleva más de cinco años en FIT. Ha sido una hermosa experiencia para ella y una gran oportunidad para ayudar a otros como familia. Ahora, ella es la entrenadora principal de un lugar y hace marketing y promoción cruzada. Ella aporta muchas ideas y talleres, especialmente en biomecánica. Es importante aprender sobre nuestros cuerpos. ¿Cómo funcionan nuestros cuerpos como una máquina?

El Dr. Steve McCaw, profesor emérito de la Universidad del Estado de Illinois, describe en su libro Biomecánicas para Tontos (14) (McCaw, 2014) la biomecánica de la carrera, cómo la carrera activa carga el cuerpo, la respuesta del cuerpo y cómo las lesiones se pueden presentar en las diferentes formas de correr. Continúa describiendo que en la mecánica hay dos áreas principales. La primera es la cinemática, o la descripción del movimiento. Esto es como cuando decimos que esa persona tiene una buena forma, buen ritmo, etc. La otra es la cinética, o las fuerzas que causan el movimiento. Si introduces una fuerza anormal, va a resultar en un cambio anormal del cuerpo en movimiento. La biomecánica está relacionada con la forma en que los diferentes tejidos del cuerpo, los nervios, los músculos y los huesos responden a las fuerzas impuestas. La pierna tiene tres funciones durante la locomoción: absorción de energía, soporte y generación de energía. Para la absorción, la pierna es como un resorte o un amortiguador. Cuando la pierna golpea el suelo, actúa como un resorte que se comprime para absorber la energía. Luego, la pierna actúa como soporte para permitir la rotación para el siguiente paso y arremete, actuando como un generador de energía.

El Dr. McCaw habla de las fuerzas internas y externas, las externas pueden ser causadas por la resistencia como los días de viento y las fuerzas de fricción del suelo. Si te encuentras escuchando los ruidos de arrastrado como si estuvieras arrastrando los pies, es porque estás creando fuerzas de fricción que desperdiciarán tu energía. Levanta los pies. Las partes internas son causadas por cambios en el cuerpo. Durante el aterrizaje del pie, el contacto con el suelo es extremadamente corto, sólo una fracción de segundo. Durante ese breve tiempo, el cuerpo está haciendo muchas cosas. Ahora, el impacto es más de dos veces el peso de tu cuerpo aterrizando en el pie. Esta es una carga pesada, especialmente a medida que pasan los kilómetros. Esta carga no es la misma de un paso a otro. El cuerpo se ocupa de esto absorbiendo toda esta energía, la mejor manera de absolver la energía es mediante lo que se llama la actividad muscular excéntrica. Esto significa que el músculo desarrolla tensión a medida que se alarga, lo que también se conoce como "dar". La forma en que nuestros músculos están hechos es para almacenar mucha de esta energía excéntrica. La flexión articular más controladora que se apoya en los músculos se produce en la cadera, luego con más intensidad en la rodilla, pero aún más en el tobillo. Esto nos lleva a un grupo de músculos muy importante. Si nos centramos en la articulación del tobillo, en la parte lateral externa de la parte delantera de la pierna, tenemos los tres músculos principales: el tibial anterior, el extensor digitorum longus y el extensor hallucis longus. Estos músculos funcionan para dorsiflexionar el pie y ayudar con la eversión e inversión del pie. En la parte posterior de nuestra pierna, tenemos dos músculos principales: el gastrocnemio y el sóleo. Funcionan para flexionar plantar el pie en la articulación del tobillo y flexionar la pierna en la articulación de la rodilla.

Otra forma de absorción de energía es a través de las microfracturas óseas. Cuando se impone una carga sobre el hueso, se transmite energía hacia arriba del hueso, lo que hace que parte del hueso ceda a nivel microscópico. Esta pequeña microfractura absorbe la energía y nuestro cuerpo genera nuevo tejido óseo para llenar las grietas. Nuestros huesos son otra asombrosa creación de ingeniería. La forma del hueso puede compararse con las estructuras artificiales que soportan cargas pesadas, como los puentes. Proporcionan un marco rígido para el soporte y una rejilla de trabajo que está orientada a responder matemáticamente a los patrones de carga del hueso. Queremos inducir algunas microfracturas en nuestros huesos, ya que esto estimula a nuestros huesos a hacerse más fuertes y a prevenir enfermedades como la osteoporosis.

El Dr. McCaw explica la tercera forma en que la energía es absorbida por nuestro cuerpo y es a través de la deformación del cartílago. Cuando los huesos se cargan unos contra otros, el cartílago se comprime. El cartílago es un tremendo amortiguador que los ingenieros no han podido emular. El único problema es que si el cartílago se daña, es muy difícil de reparar.

Al observar nuestras tres formas de absorber energía, podemos ver que la principal forma que queremos usar para absorber energía es por medio de nuestra energía muscular excéntrica. Por eso es muy importante hacer ejercicios de fuerza muscular.

Las fuerzas de reacción del suelo impuestas a nuestros músculos y huesos tienen un mayor impacto en los corredores que aterrizan con el pie trasero. Mirando a un corredor que aterriza con el pie medio, el talón nunca hace contacto con el suelo, y aterrizan en la parte exterior de su pie. El impacto transitorio de las fuerzas de reacción del suelo desaparece. Cuando una persona aterriza en la parte posterior del pie, la fuerza de reacción del suelo es vectorial, básicamente, hacia arriba de la pierna. Cuando la persona aterriza sobre la mitad o el antepié, la fuerza de reacción del suelo es vectorial hacia adelante de la articulación del tobillo y va en dirección a la parte posterior de la pierna. No es un vector recto en la pierna. Aún así, la carga total del cuerpo no cambia mucho. La fuerza de reacción del suelo se reduce enormemente con un aterrizaje a medio pie, pero eso es sólo una fuerza. Hay otras fuerzas que impactan en nuestro cuerpo.

El Dr. McCaw también enseña sobre las fuerzas en las estructuras internas del cuerpo. El apalancamiento es una gran manera de contrarrestar las fuerzas. Podrías poner un rinoceronte en un lado de una balanza y con suficiente palanca, podrías poner una mariposa en el otro lado, y la mariposa podría levantar el rinoceronte. Nuestra estructura ósea es un sistema de apalancamiento. Cuando se aplican fuerzas a nuestro cuerpo, esas fuerzas causan una rotación llamada torsión. La torsión impuesta por las fuerzas de reacción del suelo debe ser contrarrestada por nuestra actividad muscular. Las fuerzas impuestas durante el aterrizaje del pie trasero son contrarrestadas por los músculos delanteros llamados tibialis anterior y extensores. Las fuerzas impuestas en el aterrizaje con el pie delantero son contrarrestadas por el gastrocnemio y el sóleo. Esta es la verdadera fuente de carga en el cuerpo. Nuestros músculos son activados por señales del cerebro que le dicen a nuestros músculos que necesitan proveer extensión. Pero cuando estamos corriendo, nuestro cerebro no espera a que la necesidad de extensión ocurra. Nuestro cerebro se anticipa y da la señal antes de que la extensión ocurra. Básicamente, tu estás corriendo y el sistema nervioso central envía una señal para producir la fuerza de acuerdo con el paso que se anticipa que va a suceder. Pero tal vez suceda algo diferente; no aterrizaste como se suponía que debías hacerlo y la fuerza anticipada es menor o mayor de la necesaria; esto puede causar una lesión. A medida que corres más rápido, tus músculos están llamados a producir mayores torsiones. Debido a esto, es importante tener en cuenta que si estás haciendo una carrera corta de velocidad, tal vez al final de una carrera, utilizaras el aterrizaje con el pie delantero, pero nunca el aterrizaje con el pie trasero.

Considerando todas estas fuerzas y cargas al cuerpo, el Dr. McCaw señala cuatro principios de entrenamiento.

- Sobrecarga: La carga de entrenamiento debe ir de acuerdo con el nivel de condición física. Si se quiere inducir un efecto de entrenamiento, el tejido debe ser expuesto a una carga mayor a la que se ha adaptado. Por eso es necesario que la intensidad aumente gradualmente, o la causa de las carreras de ritmo y el entrenamiento de velocidad. En general, cuanto más alto sea el nivel de aptitud física, mayor será la carga de entrenamiento que pueda tener.

- Resistencia progresiva: Esto nos dice que debido a que se están produciendo adaptaciones, en respuesta a una sobrecarga de adaptación de los tejidos, es necesario aumentar o ajustar la carga de entrenamiento. Cuando una persona se entrena, lo que antes era una carga estimulante ahora se convierte en una carga a la que su cuerpo se ha adaptado. Sus huesos se han fortalecido y sus músculos se han fortalecido, por lo que deben entrenar a un nivel más alto.

- Especificidad: Esto nos dice que la adaptación ocurre en el tejido cargado; la adaptación es específica a la forma en que el tejido está cargado. Tienes un nivel de aptitud física para músculos específicos. Esto es importante porque hay ejercicios para los músculos de la pantorrilla, ejercicios para los músculos de la tibia, los músculos del centro, etc. Nos dice que el entrenamiento ha producido una adaptación para tejidos específicos y también se adapta específicamente a la magnitud, la velocidad para la que se ha entrenado y el rango de movimiento que se ha utilizado; no es una mejora general. Por ejemplo, si has entrenado tus músculos, pero no tu capacidad cardiovascular, no necesariamente aumentará tu velocidad.

- Mantenerse libre de lesiones: Conocemos los efectos del entrenamiento que ocurren al aumentar la carga. También sabemos que las lesiones ocurren, así que ¿cuál es la diferencia entre la efectividad del entrenamiento y las lesiones? El resultado final es el tiempo. Hay dos factores que contribuyen a la efectividad del entrenamiento y también a las lesiones. Son la magnitud del estrés y el número de repeticiones que van desde una sola aplicación de un nivel de estrés, hasta muchas aplicaciones de niveles de estrés. El Dr. McCaw indica que hay un número de combinaciones entre la magnitud del estrés y las repeticiones que pueden causar una lesión. Por ejemplo, tu puedes tener una lesión traumática si estás corriendo y se tuerce el tobillo. Se trata de un único evento identificable que causó la lesión; fue una única aplicación de un nivel muy alto de estrés que supera el nivel de tolerancia en el que se aplicó el estrés. Al otro lado del espectro, hay lesiones por sobreuso que son causadas por la carga acumulada, o cuando se tienen múltiples aplicaciones de menor nivel de estrés. Por lo tanto, hay un umbral entre el nivel de estrés y las repeticiones, la parte difícil es identificar este umbral. Un artículo de Keith Williams (15) (Williams, 1985) que fue escrito hace más de veinte años nos ayuda a tener una idea de dónde está este umbral. La idea es que el aumento del esfuerzo de entrenamiento lleva a un aumento del estrés tisular con daño tisular microscópico. A medida que el cuerpo responde a la reparación, este daño tisular nos da huesos más fuertes y músculos más fuertes porque hay una remodelación de los tejidos. Cuando la tasa de remodelación es mayor que la tasa de daño, estamos en la zona efectiva de entrenamiento. Cuando la tasa de daños es mayor que la tasa de remodelación, estamos en la zona de lesiones. Necesitamos dar el tiempo adecuado para que la remodelación ocurra, esto nos dará tejidos más fuertes, y a medida que nuestro tejido se fortalezca, podremos aumentar nuestras cargas de entrenamiento.

El Dr. McCaw señala estos errores más comunes en el entrenamiento:

- Demasiado esfuerzo, demasiado pronto. Nos presionamos demasiado. Tratamos de aumentar nuestra velocidad demasiado rápido. Si aumentas la distancia, tu cuerpo necesita tiempo para adaptarse. Si se aumentas la frecuencia, hay que hacerlo de forma progresiva. Tu cuerpo necesita tiempo para adaptarse. Escucha a tu cuerpo. Si te está diciendo que necesita descansar, dale un descanso. Aunque cambie la superficie, dale tiempo a tu cuerpo para que se adapte; si pasa del hormigón al asfalto o a la arena, por ejemplo. O si te cambias de zapatos, dale a tu cuerpo tiempo para adaptarse.
- Establecer metas poco realistas. Las personas que sólo corren ocasionalmente y que de repente quieren correr un maratón en dos meses se están fijando metas poco realistas.
- Correr cuando estás cansado y tus músculos están fatigados.
- No hagas grandes cambios en una sola sesión o demasiado pronto.
- Sin dolor, no hay ganancia ¡es una idea estúpida! No te entrenes a través del dolor. Cuando tienes dolor en un tejido, eso es una indicación de que algo está mal. Si sigues entrenando, el cuerpo compensará con otros tejidos la falta de funcionalidad de ese tejido y el estrés impuesto a los otros tejidos podría ser demasiado excesivo. Podrías terminar con más lesiones en los tejidos de compensación.

En la fase de construcción, estamos hablando de volumen de construcción. El entrenador Nate Helming de La Experiencia de Correr (16) (Pingrey, 2019) da cuatro consejos importantes para la carrera larga que es uno de los entrenamientos más importantes para construir volumen:

- Calentamientos dinámicos adecuados. Esto ayudará a preparar sus músculos con su postura y la activación del tronco. Nate sugiere correr durante cinco minutos, luego detenerse y hacer diez sentadillas, diez flexiones de brazos y diez círculos por pierna con las cuatro piernas completamente extendidas en una posición de zambullida, y sus manos en el suelo. Necesitas tener un enfoque mental para tener una buena mecánica a largo plazo. En una carrera larga, tienes la tendencia de escurrirse al final. Es importante ser consciente de mantener una buena postura y despertar de la mala postura. Sugiere que cada diez minutos respire muy profundamente por la nariz y exhale por la boca. Esto seguido de 10 subidas de pierna que son más rectos, en lugar de patadas al glúteo. Esto ayuda a combatir lo que él llama "maratón de arrastre", o cuando empiezas a arrastrar los pies.
- No corras demasiado rápido. Los beneficios de las carreras largas provienen del tiempo en pie y del esfuerzo constante, más que de la velocidad. Si corremos demasiado rápido, la mecánica se ira y el tiempo de recuperación será mayor.
- Mantente hidratado durante la carrera. Esto es independiente de la temperatura o las condiciones climáticas. Incluso si está lloviendo, necesitas beber agua. Si usted está sosteniendo la botella de agua en una mano, no corras todo el tiempo sosteniéndola con la misma mano. Cambia las manos cada diez minutos más o menos.

Mi cuerpo me dio luz verde para empezar a correr, pero eso no significa que te mandes con toda la fuerza. Es importante no apresurar las cosas, la paciencia pagará.

Foto de Luis Tovar

"Yo creo que la clave para ser mas rápido es incrementar el umbral del dolor y entrenar como equipo para que nos ayuden tolerar mas dolor. Raramente hay un entrenamiento de velocidad en la que no quieras para por que duele. Algunas veces empezamos a sacar excusas para parar y lo acabamos antes de tiempo. Sin embargo, saber que tenemos gente a nuestro alrededor que están sintiendo el mismo dolor, nos hace tolerar mas. En vez de parar, empujamos."

Foto de Ana Maria Villegas

"Haz aquello que amas y no tendrás problemas con los Lunes."   Foto de Ana Maria Villegas

Capítulo 3.
ENTRENAMIENTO DE VELOCIDAD

Economía al Correr

A medida que mejoras, necesitas estar preparado para los nuevos cambios. Fue en el kilómetro 23 de El Maratón de Berlín cuando sentí un chasquido en el sóleo de mi pierna izquierda. El dolor era tan intenso que tuve que buscar un puesto de primeros auxilios y pedir a los voluntarios que me dieran un masaje rápido. El resto de la carrera estuve cojeando. Aún así, completé la carrera en 4 horas y 16 minutos. Pero si yo hiciera el plan, como mi entrenador Luis me mostró, podría fácilmente romper las cuatro horas. Corrí demasiado rápido en la primera mitad y la demanda de oxígeno fue mayor por el exceso de trabajo de los músculos y boom, tuve un calambre. Corrí con una economía al correr pobre. Cuando volví, le expliqué la situación a Christina Quadra. Ella me guió a hacer ejercicios para recuperar y ganar fuerza muscular y mejorar mi forma.

Jeff Galloway, autor de "Maratón. ¡Tu puedes hacerlo! y "Libro Galloway de Correr" es el diseñador del Programa Galloway; está hecho para gente que quiere terminar fuerte haciendo un maratón de correr/caminar. El Sr. Galloway comenzó su método de correr/caminar en 1974 (17) (Galloway, 1984). Abrió una tienda de correr y decidió llevar a algunos clientes a correr, aunque muchos de ellos no habían estado en forma por mucho tiempo. Después de algunas sesiones de entrenamiento alrededor de la pista, descubrió que los descansos para caminar eran cruciales para poder terminar una carrera de 5 o 10 kilómetros. Su atención se centraba en su ritmo de respiración, y si alguien respiraba demasiado fuerte, tendría que caminar más o disminuir su ritmo. Corre-Camina-Corre es una forma de entrenamiento a intervalos. Según el Sr. Galloway, el método ayuda a mejorar los tiempos de llegada, da a los corredores el control sobre la fatiga y es una forma inteligente de correr. El intervalo de caminata/carrera, más que un descanso, es una forma de estabilizar la frecuencia cardiaca aeróbica y le hará sentir que está descansando. Es importante mantener un buen ritmo de caminata, tal vez entre 15 y 18 minutos por milla, para mantener un buen ritmo cardíaco.

Algo que me gusta de correr es que puedes medir si estás mejorando. Esa medida puede ser la distancia, el tiempo o la frecuencia. Puedo elegir cualquiera de los tres, o todos ellos, y decidir cómo mejorar, o ver si estoy mejorando. La naturaleza humana siempre quiere ver una mejora. Cuando el cuerpo se acostumbra a una cierta rutina, comienza a pedirle más, una mejor técnica, más distancia o más velocidad. Creo que es así en todos los aspectos de nuestra vida. Queremos saber más o mejorar en nuestro trabajo - simplemente queremos ser mejores. Algunos de mis amigos de la FIT empezaron a correr a un ritmo de 11, 12, o 13 minutos por milla, y ahora están corriendo a 8, 9, o 10 minutos por milla. Sienten que hay una mejora. No digo que necesites convertirte en súper rápido para ser bueno. Tu cuerpo reacciona a tu ritmo, y cuando te vuelves más rápido, es porque tu capacidad ha aumentado. No es lo mismo correr a un ritmo de 13 minutos que a un ritmo de 10 minutos. No es lo mismo caminar a un ritmo de 18 minutos que a un ritmo de 15 minutos. Cuando tu cuerpo te dice que la velocidad es tu límite, no necesitas forzarlo. Ahora puedes añadir distancia. No es lo mismo correr un 10k que un medio maratón, o un maratón completo. Y si sientes que llegas a tu límite de distancia, puedes añadir la frecuencia. Pero de nuevo, no es lo mismo correr sólo una vez a la semana, 10 millas por semana, 20 millas por semana o 30 millas por semana.

Durante su entrenamiento fuera de temporada es un buen momento para centrarse en la fuerza. En Estados Unidos, las principales carreras se realizan entre agosto y marzo. La gente se prepara para estas carreras con planes estructurados. El tiempo entre su última carrera y la preparación para la siguiente es un buen momento para crear equilibrio, fortalecer tus músculos, concentrarse en el acondicionamiento físico y reiniciar tu sistema. Durante este tiempo, puedes reducir el volumen y prestar más atención a la forma. También es un buen momento para hacer rutinas y ejercicios que ayudarán a aumentar la velocidad y la eficiencia.

La economía al correr es una medida de eficiencia. Cuando un coche funciona de manera más eficiente, obtiene más kilometraje con la menor cantidad de uso de combustible. Nuestro combustible es el oxígeno y nuestra economía de del correr es la eficiencia con la que utilizamos el oxígeno para funcionar más. La economía al correr es la cantidad de oxígeno que utilizamos en relación con el peso corporal y la velocidad. Cuando el cuerpo no está funcionando eficientemente, tal vez debido a movimientos innecesarios, hay un aumento de la demanda de oxígeno y la economía al correr es pobre. Podemos expresar la economía de funcionamiento por la velocidad alcanzada para una tasa de consumo de oxígeno específica, o por el VO2 específico necesario para mantener una cierta velocidad. Para que el cuerpo tenga una adaptación fisiológica, el entrenamiento debe realizarse a una intensidad adecuada.

En un artículo, el Dr. Philo Saunders del departamento de fisiología del Instituto Australiano del Deporte, habla sobre Economía al Correr (RE) (18) (Saunders, 2004) dice que teniendo en cuenta la masa corporal, los corredores con buena RE, utilizan menos energía y por lo tanto menos oxígeno que los corredores con mala RE que corren a la misma velocidad. Esencialmente, son más eficientes. Además, dice que hay una fuerte asociación entre la RE y la carrera de distancia. Hay pocos factores que pueden afectar la RE, incluyendo las adaptaciones metabólicas, el entrenamiento de fuerza y el entrenamiento en altitud. Cuando corro en Bogotá, toma tiempo adaptarse y la altitud te hace un corredor más eficiente, noto un gran cambio corriendo en Florida cuando regreso. Siento como si volara. No es de extrañar que los atletas que entrenan en grandes alturas sean más eficientes. Pero es poco lo que podemos hacer al respecto cuando vivimos al nivel del mar. Por otro lado, el entrenamiento de fuerza permite a los músculos utilizar más energía elástica y reducir la cantidad de energía desperdiciada en las fuerzas de frenado. Pero algo que podemos hacer al respecto es concentrarnos en hacer del ejercicio de fortalecimiento una parte de nuestros hábitos.

El entrenamiento de velocidad puede aumentar tu capacidad aeróbica, mejorar tu economía al correr y hacer que tu carrera sea más eficiente. Los intervalos y las carreras de tempo son las formas más populares de trabajo de velocidad. Los intervalos son un conjunto de repeticiones de una distancia corta específica, corridas a un ritmo sustancialmente más rápido de lo habitual con trotes de recuperación en medio. Por ejemplo, podrías correr cuatro repeticiones de una milla a un ritmo duro, con cinco minutos de trote lento, o incluso caminar entre las repeticiones de una milla. Las carreras de ritmo son más largas que un intervalo, generalmente en el rango de 4 a 10 millas, dependiendo de dónde te encuentres en tu entrenamiento, pero deben ser a un ritmo desafiante y sostenible. Este tipo de entrenamiento enseña a tu cuerpo, así como a tu cerebro, a sostener un trabajo desafiante durante un período de tiempo más largo. Siempre permite que tu cuerpo se caliente y se enfríe con unas pocas millas fáciles al principio y al final de cualquier entrenamiento de velocidad. Es muy importante dejar tiempo para el descanso y la recuperación. Esto significa que no hay que correr. Puedes hacer un poco de entrenamiento cruzado como el ciclismo o la natación. La natación es muy buena para su respiración y puede ayudarle enormemente. En las dos semanas previas a la carrera, es importante reducir el kilometraje y dejar que el cuerpo descanse para la carrera. Es bueno cambiar de superficie de vez en cuando, ir a correr por el asfalto, a veces por caminos de tierra, o por la playa, por la hierba, o a veces incluso por la cinta de correr para ayudar a la velocidad.

Kaizen

Carlos, un corredor brasileño de 69 años, acaba de correr el Maratón de Tokio y acaba de terminar con un tiempo neto de 3:55. Carlos corre como si tuviera 30 años y es un ejemplo y una fuente de motivación para muchos corredores. Tokio fue su sexto maratón mayor, lo que le hizo merecedor de la Medalla de las Seis Estrellas del Mundo. Amo al Japón; Japón es un ejemplo de una nación ganadora. El país se levantó de una época de sufrimiento y derrota. El propio Japón es un país que ha pasado por grandes transformaciones. Durante el maratón de Tokio, se pueden sentir esas transformaciones. Puedes ver lo viejo y lo nuevo. La carrera comienza en el Edificio de Gobierno Metropolitano de Tokio, donde se toman las grandes decisiones en esta parte del mundo. Kioto es la antigua capital de Japón y es el mejor lugar para ver la antigua y tradicional cultura japonesa. Kioto es famoso por sus templos clásicos, jardines y palacios imperiales. El maratón pasa por la estación de Shinjuku, la estación de tren más concurrida del mundo. 2019 fue el año del 12º Maratón de Tokio, y sólo el año pasado, 30.000 personas participaron de las más de 300.000 que se inscribieron. Correr el maratón te expondrá a la historia, la tradición y la cultura de Japón. A lo largo de la ruta se presentan muchos grupos musicales y bailarines representativos. En Tokio, se pueden ver lugares como el Santuario Meiji, un lugar muy tradicional que tiene casi 100 años de antigüedad. También se puede ver Akihabara, la capital mundial del anime y el manga, y el lugar de encuentro de los Otaku (fanáticos del manga). Luego, pasas por Asakusa, la ciudad baja de Tokio. Es un lugar lleno de templos. La carrera cruza el río Sumita, que está cerca del Skytree, el edificio más alto de Japón. Shibuya es la ciudad ligera de Tokio y el mercado de Tsukiji son dos lugares que debo ver cuando los visito. Y finalmente, el Palacio Imperial es la línea de meta.

Le pregunté a una de mis amigas que fue a Tokio lo que más le gustaba. Dijo que los baños. Los sanitarios en Japón son únicos, totalmente automatizados, con paneles de control que tienen más botones que el mando a distancia de un televisor. Tienen botones para lavar, rociadores para O-Shiri (su trasero), un bidé que es para damas. Hay botones para detener el lavado, para secar al aire libre, para tirar de la cadena, para calentar el asiento, para calentar el agua, y si tienes tiempo para leer algo, incluso tienes un botón para un masaje.

Cada vez que pienso en Japón, pienso en una palabra: Kaizen. En los años 50, comprar algo hecho en Japón significaba comprar algo de muy mala calidad. En aquellos años, cuando se escuchaba sobre los productos de fabricación japonesa, se asociaba con los productos más baratos que se pudieran encontrar. Pero ahora, los productos hechos en Japón son de muy alta calidad. Cuando se piensa en Japón, marcas como Toyota, Yamaha, Sony y Motorola pueden venir a la mente. ¿Pero qué pasó? Cómo esos malos productos se convirtieron en los grandes productos que conocemos. La respuesta es Kaizen, una palabra japonesa que significa mejora continua. Su idea de mejorar inicialmente significa eliminar las cosas que están retrasando la mejora. Los gerentes de control de calidad lo llaman desperdicio. Puede estar relacionado con algo material, con un proceso o con el tiempo. Por ejemplo, si tengo que repetir algo porque lo estoy haciendo mal, entonces estoy perdiendo tiempo, y eso es un desperdicio.

Kaizen también significa "cambio para mejor". A medida que construyo mi capacidad de funcionamiento, estoy cambiando, y para mejor. Puedo relacionar esto con todo lo que hago en la vida. La pregunta que tengo que responder cada día es: ¿qué puedo hacer hoy que sea mejor que ayer? No importa si es un cambio muy pequeño o un gran cambio. Lo importante es no quedarse en el mismo lugar. Kaizen es una metodología lean que utiliza herramientas como los eventos Kaizen. Si hago un evento Kaizen en mi vida, necesito monitorear un proceso que hago. Por ejemplo, algo como un hábito es algo que se hace de la manera en que estoy acostumbrado a hacerlo, pero también viendo cómo puedo mejorarlo. Sólo un pequeño ejemplo, me doy cuenta de que siempre llego tarde a mi práctica y esto puede perturbar el horario de los demás en mi grupo. Alguien podría necesitar salir rápidamente para llevar a un niño a la escuela y puede verse afectado si la práctica comienza tarde. Entonces, ¿cómo puedo mejorar esto? Tal vez pueda levantarme 15 minutos antes. Podría dejar todo listo la noche anterior. Como otro ejemplo, si no me estoy comunicando de la manera correcta delante de la gente, tal vez debería conseguir un entrenador, hacer ejercicios o unirme a un grupo de debate como los Toast Masters.

Al correr, puedo relacionar a Kaizen con muchas cosas. Si no presto atención al calentamiento o al estiramiento, puedo terminar lesionado, y eso me va a quitar tiempo de mi carrera y recursos si tengo que pagar por la atención médica. O, si corro con zapatos que no son apropiados, entonces puedo terminar pagando más por zapatos nuevos cuando podría estar ahorrando. Construir significa mejorar continuamente y convertirse en un corredor más eficiente. Uno de los aspectos más importantes de la eliminación de residuos es la economía al correr, esto es, la demanda de un correr sub-máximo y el uso eficiente del oxígeno, que se puede medir por el consumo máximo de oxígeno en estado constante (VO2 Max) y la relación de intercambio respiratorio.

Cuando las cosas son más eficientes, pueden ir más rápido, y se puede añadir velocidad. Un corredor más eficiente es un corredor más rápido. Puedo relacionar esto con cualquier cosa en la vida. Por ejemplo, la aviación es una industria que ha crecido enormemente desde sus humildes comienzos, y en un tiempo relativamente corto. Cuanto más eficientes eran los aviones, más rápido crecía la industria. El desarrollo de esta tecnología es exponencial.

Sabemos más en los últimos 20 años que probablemente en todo el siglo pasado. Esto es gracias a la gente que vivió y corrió su carrera. Los hermanos Wright pasaron por muchos reveses, decepciones, frustraciones, críticas y obstáculos. Pero gracias a su determinación, puedo salir de viaje a Tokio y estar allí al día siguiente. Uno de los inventos más maravillosos, como el avión, llegó a ser debido a sus fracasos, frustraciones y decepciones. Kaizen es la mejora continua. Es ser mejor y hacerlo mejor. Pero más que eso, es tener un sueño, un propósito y una meta en mente. Thomas Edison, una de las mentes más geniales del mundo, tuvo miles de fracasos al tratar de inventar la bombilla. Para él, no fueron fracasos, fueron intentos fallidos. Thomas Edison dijo: "No he fallado. Acabo de encontrar 10.000 formas que no funcionarán". Edison estaba corriendo su carrera. Se cayó más de 10.000 veces, pero se levantó y siguió adelante. Cumplió su sueño y cruzó la línea de meta. Cuando la planta de Edison se quemó y fue envuelta en llamas, le dijo a su hijo "Ve y dile a tu madre y a todos sus amigos que vengan". ¡Nunca verán un fuego como este!" Más tarde dijo: "Aunque tengo más de 67 años, mañana empezaré de nuevo". Puede que nos caigamos una, dos, tres veces, diez mil veces pero eso no significa que no estemos mejorando. Nos caemos, nos levantamos, aprendemos, seguimos adelante, y esas caídas son parte de la mejora.

Un Mentor, un Entrenador

Dios nos creó con un instinto de avance. Si gateas, quieres caminar. Si tienes una casa para empezar, quieres una casa mejor. Fuimos creados con el deseo de hacerlo mejor. Queremos ir más lejos y queremos ir más rápido. La velocidad es un producto de la eficiencia; viene con ella. Es natural que a medida que corremos más, nos volvamos más fuertes. Nos volvemos más eficientes, más rápidos y construimos más volumen. Realmente disfruto viendo a otros amigos cambiar con el tiempo; su entrenamiento y consistencia empieza a dar sus frutos. En Florida, hay una carrera muy divertida, una de las carreras más divertidas en las que he estado. Me refiero a la carrera de los Cayos 100. Es una carrera desde Key Largo hasta Key West. Tiene dos categorías: individuales y relevos por equipos. El año pasado, formamos un equipo con la gente muy rápida de FIT y lo llamamos FITOPIA como una alegoría de la película Zootopia (19) (Howard, 2016). El relevo consistió en un equipo de seis personas, alquilamos una furgoneta muy bonita. Cada corredor corre de 3 a 5 millas a la vez, luego transfiere el bastón al siguiente corredor y así sucesivamente hasta cubrir las 100 millas. Reímos, bailamos y compartimos los hermosos momentos de las 12:30 horas de carrera. Marina es la estrella del equipo. Es súper rápida y es como la gacela de la película. Bryan es alto como el toro en la película y tiene un enfoque profundo mientras corre. Christy es muy dulce y llena de energía como el conejo de la película. Joe tiene la forma de un ultra-maratonista y no está ni siquiera cerca de la pereza de la película. Soy rápido, tal vez por la falta de pelo, por lo que todos los opuestos del camello con su enorme melena. Luis Tovar es el más rápido del grupo, y tan veloz como el zorro de la película. En la última carrera tuve la oportunidad de conocer a mucha gente, entre ellos a Ana María Villegas, una de las corredoras más rápidas del sur de la Florida, y una corredora a la que admiro por su dedicación y amor al deporte.

Ana María es de Colombia, empezó a correr, digamos con cierta estructura, hace unos cinco años. Después del segundo cumpleaños de su hija, sintió la necesidad y el deseo de convertirse en una persona más saludable. Como muchos de nosotros, empezó a correr tal vez una o dos millas. Gracias a su determinación y a la ayuda de su grupo, está donde está ahora mismo, una maratonista de menos de tres horas, dos veces campeona femenina de Carrera Wings for Life en EE.UU. y en Australia, varias veces finalista del Maratón de Boston con una PR de 2:52, sin mencionar muchos otros logros. Su primer maratón fue en Chicago donde calificó para Boston; ¡ese fue sólo su primer maratón! No ha sido fácil, sin embargo. Ana ha hecho grandes ajustes para mantener el equilibrio en lo que es importante en su vida, como la familia, el trabajo y su pasión por correr. La clave del éxito es el equilibrio. Muchas veces, necesitamos hacer ajustes que requieren sacrificio, disciplina, una mentalidad diferente y hábitos para tener equilibrio. No significa renunciar a algo que es importante para nosotros, significa hacer que funcione. Ana María ha podido seguir un programa de entrenamiento muy estructurado y su consejo, especialmente para las mujeres, es ser muy organizada, tener en cuenta el objetivo y hacer los sacrificios que ello implica. Para llegar al nivel de compromiso que tiene Ana, no sucede de la noche a la mañana. Lleva tiempo, pero es mejor hacerlo por etapas. Cuando necesitamos cambios en nuestra vida, es importante empezar con algo y empezar a añadir nuevos cambios sobre los ya establecidos; eso es Kaizen en acción. Inicialmente, los hábitos exigen sacrificio, pero cuando se siguen, se convierten en parte de la vida. Primero, dejamos que nuestras elecciones establezcan los hábitos, y después, dejamos que los hábitos establezcan nuestras elecciones, lo cual trae estructura a nuestras vidas. Como dice Ana, este es un mensaje que queremos transmitir a nuestros hijos y a las personas sobre las que tenemos influencia. El hábito trae disciplina y necesita llegar a un punto en el que si no lo haces, te estás perdiendo algo, tu día no es bueno, o está fuera de lugar

A Ana le gusta mucho el deporte y quiere avanzar más, y es mucho más fácil con el apoyo de los demás. Cuando empezó, a veces veía a grupos de personas de diferentes clubes de corredores compartiendo el camino y pasándolo bien. Esto la motivó a encontrar personas que compartan su misma pasión. Encontró el grupo de iRun, un grupo muy reconocido a nivel internacional y en Florida; ellos trajeron una nueva atmósfera a su entrenamiento. Cuando quiso correr más rápido, se apegó a los corredores más rápidos, y eso se convirtió en su grupo interno dentro del grupo. Todos necesitamos personas que nos empujen a ser mejores y mentores que compartan su sabiduría con nosotros. Para Ana, hay dos personas especiales que la han ayudado de una manera muy especial: su amiga Michelle y su entrenador, Cobi. Cuando tenemos gente que nos acompaña, podemos llegar más lejos. Ana tiene tres personas en su grupo que son claves para sus duros entrenamientos, ya que es muy alentador tener a alguien a tu lado que sabes que está haciendo el mismo esfuerzo, sufriendo como tú, y te mantiene en marcha. Michelle es una persona especial para Ana, la admira porque equilibra una vida muy ocupada con una familia de cinco hijos, el trabajo, el deporte y muchas otras cosas. Sin embargo, ella ha hecho que las cosas funcionen con sacrificio y disciplina

Las personas que han pasado por lo mismo que nosotros son los mejores para apoyarnos. También podemos apoyar mejor a aquellos que están pasando por las mismas cosas que nosotros. Es nuestro testimonio el que puede marcar la diferencia. Podemos servir mejor a aquellos por los que sentimos simpatía. Tenemos un mensaje que podemos compartir; podemos ayudar a otros a cruzar la línea de meta. ¿Quién más importante para compartir nuestro mensaje que nuestros niños? Lo que Ana quiere compartir con sus dos hermosas niñas es un mensaje de amor, la importancia de la disciplina, la dedicación y el poder de la mente. Ana menciona cómo un maratón comparado con nuestra vida es como un viaje, y puede que lleguemos a un punto en la carrera en el que no haya más piernas, ni siquiera más corazón, y lo único que quede sea nuestra mente. Como en la carrera, podríamos tener días buenos, días malos y hasta días peores. Si eso sucede, necesitamos evaluar nuestro pensamiento, renovar nuestra mente, tener una mente fuerte y darnos cuenta de que mañana va a ser un día mejor. Sólo pasamos por cosas difíciles temporalmente. Como en una maratón, podría sentirme mal en esta milla, pero en la siguiente, podría sentirme mejor. Y eventualmente, me voy a recuperar y a sentirme mejor. Por ejemplo, si estamos corriendo y empiezas a sentirte cansado en la milla 18, pero si ves en tu mente que es muy difícil, puede que no termines. Entonces, no terminarás porque tu mente ya está recibiendo la idea de que no lo lograrás. Tenemos que ver el objetivo, concentrarnos en el momento y creer que podemos hacer lo imposible. Ana nunca pensó que sería capaz de correr un maratón; apenas corrió una o dos millas. Para ella, era un imposible. Pero ella creía que era una corredora que podía correr un maratón por debajo de las 3:00 horas, y lo hizo.

No puedo escribir sobre la velocidad sin mencionar a "El Maestro", Eliud Kipchoge (20) (Cathal, 2016) el mejor maratonista de la historia. Había ganado nueve maratones consecutivos, una medalla de oro olímpica, y estableció el récord mundial con un sobresaliente 2:01:39 en Berlín 2017. Eliud, de Kenia es un hombre de gran disciplina. Se levanta todas las mañanas a las 5:00 a.m. para sus corridas matutinas y registra cada entrenamiento en un cuaderno de notas, y probablemente tiene más de 15 cuadernos ahora. Un hombre de gran sabiduría, el dijo una vez: "Sólo los disciplinados en la vida son libres". Si eres indisciplinado, eres un esclavo de tus estados de ánimo y tus pasiones". También dijo: "No se trata de las piernas, sino del corazón y la mente". Mucha gente, incluyendo a David Bedford, organizador del Maratón de Londres y antiguo poseedor del récord mundial de 10.000 metros, cree que puede ser el mejor corredor de fondo de todos los tiempos. El tiene excelentes hábitos de nutrición y nunca ha tenido una lesión.

Eliud, un hombre de origen humilde de la aldea de Kapsisiywa, Kenya, tenía que correr todos los días a la escuela. Ayudó a su familia recogiendo leche de sus amigos y vecinos y la vendió en el mercado. Se inspiró en Patrick Sang, un corredor de su ciudad natal, que fue a la Universidad de Texas y ganó una medalla de plata olímpica. Cuando Sang regresó al pueblo, ayudó a Eliud, y se convirtió en su mentor. En ese momento, Eliud tenía 16 años. Sang le dio planes de entrenamiento e incluso le dio su propio reloj porque Eliud no podía permitirse uno. Patrick dijo una vez: "Cuando eres joven, siempre esperas que un día seas alguien y, en ese viaje, necesitas que alguien te tome de la mano. No importa quién sea esa persona, siempre y cuando crea que sus sueños son válidos. Así que, para mí, cuando encuentres a un joven con una pasión, no lo decepciones. Échale una mano y míralo crecer".

Eliud tiene un increíble ritmo medio de 4:36 para el maratón, aunque su sueño ha sido terminar un maratón de menos de 2 horas. Participó en el proyecto organizado por Nike llamado "Breaking 2" (21) (Nike, 2019) en el que consiguió un tiempo de 2:00:25; le faltaban sólo 25 segundos para convertirse probablemente en el único, ahora y siempre, en correr un maratón por debajo de las 2:00. Pero aún así su tiempo es el más rápido que cualquier ser humano ha logrado en la distancia del maratón, aunque no es un récord mundial oficial.

Kenia es un país que produce algunos de los mejores corredores del mundo. Kenia tiene 42 tribus étnicas; la tribu Kalenjin es una de las que cuenta con unos 4,9 millones de habitantes. Dentro de esta tribu, el subgrupo de Nandi es la región que ha producido casi todos los campeones de carreras de larga distancia. Muchos piensan que la razón de esto es una combinación de grandes altitudes, genes, estilo de vida, alimentos y medio ambiente. Visité Kenia en 1992 y fui a Kitale, un pueblo de la región de Nandi. Fui a un entrenamiento de helicóptero en una de las Bases de Helimisión. Aterrizamos en un pináculo de unos 10.000 pies, y desde allí, pudimos ver el Lago Victoria y el Gran Valle del Rift. La vista era hermosa, y estaba llena de colinas onduladas y caminos de tierra roja por los que corren muchos kenianos. Los niños que corren a la escuela todos los días se convierten en los mejores corredores de larga distancia. Los genes se notan en sus piernas largas, su gran pecho y su bajo índice de grasa. Su estilo de vida y su cultura están rodeados de este deporte; correr para los kenianos es como el fútbol para los brasileños. La motivación es una mezcla de amor por las carreras y el deseo de tener una mejor vida financiera. La comida de los corredores kenianos es de la granja, y creo que todos deberíamos intentar comer lo más cerca posible de la comida recogida del suelo. La comida es rica en buenos carbohidratos, fibra y proteínas. Comen muchas verduras y es uno de los únicos alimentos principalmente orgánicos. Un plato muy apreciado por los corredores en Kenia es el Ugali, un plato tradicional hecho de maíz molido que se cocina con una textura similar al puré de patatas. Una observación sobre la dieta de los corredores africanos de élite es la que proviene principalmente de Etiopía y que consiste en un alto porcentaje de carbohidratos en forma de alimentos básicos, arroz, dinteles, gachas y verduras. Los carbohidratos son buenos para el almacenamiento de glicógeno, el rendimiento del combustible y la defensa contra las lesiones. La diferencia entre comer carbohidratos en América y comer carbohidratos en Kenia por los corredores es la tasa de quema. Injera es el alimento básico de Etiopía, Ugali es el alimento básico de Kenia y es equivalente, arepas y tamales para los latinos, y avena en América. El arroz integral ofrece una adición a los carbohidratos: la fibra. La quinua es una gran fuente de aminoácidos y carbohidratos ricos en hierro sin gluten. Es muy importante tener un buen combustible para empujar las postquemadoras de los motores para que funcionen rápidamente.

El entorno en Kenia es perfecto para correr. Las carreteras abiertas son buenas para los pies, hay pistas de carreras en los campos de entrenamiento o en el centro del pueblo, y el clima es estupendo. También tienen buenos entrenadores como el hermano Colm O'Connell (22) (Firstpost, 2012) Un entrenador irlandés, que ha trabajado en Kenia durante más de 25 años, enseña el valor de los ejercicios y el valor de los diferentes tipos de entrenamiento. Coach O'Connell utiliza el acrónimo FAST para hacer que los corredores corran más rápido; F es por Foco, A por Alineación, S por Estabilidad y T por Tempo, Cronometrar su ritmo con el suelo. Los corredores kenianos entrenados por el entrenador O'Connell comienzan sus programas de entrenamiento corriendo lentamente. Hacen carreras aeróbicas para poder concentrarse en la técnica y la forma. Hacen ejercicios para desarrollar los músculos. Sus entrenamientos no son intensos sino relajantes. Aprenden a concentrarse, a dejar a un lado las distracciones, tambalear las piernas, y mantener la cabeza baja son distracciones. Casi se fijan en la posición incluso antes de que empiece la carrera y corren con el control. Tienen estructura en el entrenamiento y cada entrenamiento tiene un propósito. Puede parecer que están viviendo una fantasía, pero hay un momento en el que deben volver a la realidad y enfrentar la carrera que todos tienen. Muchos corredores kenianos ven un camino hacia la libertad de la prosperidad a través del correr. Muchos vienen de zonas rurales pobres, y su realidad es que cada paso los acerca más a la meta. Cada paso es la diferencia entre un presente con dificultades o una vida sin pobreza. Así es como tenemos que enfrentarnos a la vida, como si cada paso que demos pudiera acercarse más a nuestro sueño.

"El entrenamiento quedo atras, ahora enfocate en la carrera. No te des por vencido, el dolor de remordimiento por no finalizar es peor que el dolor que puedas sentir al cruzar la linea de llegada."

Foto de Luis Tovar

"El que no desfallece, el que persevera, aun recibiendo el dolor, es el que alcanza la meta."

Foto de Ana Maria Villegas

Nos divertimos, nos ayudamos, construimos comunidad, nos motivamos el uno al otro, corremos nuestra carrera, y esperamos al otro cuando cruza la meta.

Foto de Ana Maria Villegas

Capítulo 4.
LA CARRERA

26.2

Entre una multitud de personas, escuchamos el himno nacional y sabemos que la culminación de muchos meses de preparación valdrá la pena en la carrera que está por comenzar. Todos los entrenamientos, tempos, entrenamientos de velocidad, madrugadas y carreras largas están en el pasado. Estamos mejor por el entrenamiento, pero tenemos que dejarlo atrás y centrarnos en la carrera. Llegará otra carrera que requerirá un nuevo entrenamiento, pero si estamos parados en la línea de salida, debemos concentrarnos en el viaje de 26.2 millas hasta la línea de meta. A veces miramos nuestro pasado y no lo dejamos atrás. Dejamos que nuestro pasado dirija nuestras vidas. Pero tenemos algo más grande que mirar por delante. Quizás todos esos días de preparación fueron intensos y largos, pero la carrera es algo más grande. Como dijo el entrenador O'Connel: "Para ganar la carrera, debes concentrarte en lo que está sucediendo". Cuando conduzco mi automóvil, miro lo que está frente al parabrisas, a donde voy. Lo que hay en el espejo pequeño es lo que hay detrás. No puedo controlar a dónde voy simplemente mirando al espejo. No puedes tener el control de tu vida solo por lo que hay en el pasado. Bien, tal vez el presente no es lo que nos gustaría que fuera. Tal vez no sabemos cómo vamos a ir en el presente. Puede que las cosas no se vean tan bien. No importa lo que haya sucedido, no importa si tu o alguno de tus seres queridos sucumbieron a una enfermedad, no importa si tus hijos fueron víctimas de abuso, no importa si tu mejor amigo se suicidó, Dios te sacara al otro lado. Tal vez te preguntes si volverá a salir el sol, pero te diré que Dios puede ayudarnos a superar cualquier cosa. EL correrá la carrera con nosotros, será nuestra fuente de fortaleza y nos llevará a través de la línea de meta. La carrera está aquí, vamos a ganarla, incluso antes de que comience la carrera. Nuestra mente estará encerrada en nuestro objetivo. Tal vez miras el pasado y te sientes cansado, tal vez miras tu presente y te sientes cansado, pero no hay nada de malo en sentirte cansado. Lo que está mal es no terminar, tirar la toalla, rendirse y eso mi amigo, requiere pelear.

Si miro el pasado, tal vez sea para correr el maratón en Atenas y poder ver dónde comenzó todo. Fue 490 aC cuando Feidípides, un soldado griego, huyó de un campo de batalla cerca de la ciudad de Maratón a Atenas llevando el mensaje muy importante de que el ejército griego había derrotado a los persas. La distancia entre las dos ciudades era de 42 kilómetros, o 26.2 millas. Él entregó el mensaje "Niki" [¡Victoria!], Y luego murió.

Aunque los Pípidos murieron, nadie con buena salud muere al correr un maratón; ¿Y sabes qué? ¡Las mujeres pueden correr un maratón! Muchos no pensaron de esa manera. La primera mujer que corrió el maratón de Boston tuvo que hacerlo disfrazado. Cuando Roberta "Bobbi" Gibb descubrió a la edad de 23 años que su entrada al Maratón de Boston fue negada, decidió correr de todos modos. Recibió una carta por correo del director de la carrera que decía: "Esta es solo una carrera de la División de Hombres AAU. Las mujeres no están permitidas, y además no son fisiológicamente capaces". También hizo un comentario en la televisión de que la constitución fisiológica de las mujeres las hacía capaces de correr solo de tres a cinco millas. Gibb terminó la maratón de Boston en 3:21:40 vistiendo un traje de baño, bermudas y zapatos para correr para hombres. Llevaba la sudadera con capucha de su hermano y se escondió en los arbustos cerca de la línea de salida. Cuando comenzó la carrera, dejó pasar a los corredores rápidos y luego saltó de los arbustos para meterse en el centro de la manada. Terminó la carrera con ampollas y estaba sangrando por usar zapatillas de correr para hombres porque no habían para mujeres. Ella viajó 3,000 millas desde su casa en San Diego para correr la carrera, pero lo más importante porque si no terminaba, iva a dejar a las mujeres 20, 30 años atrás. Ellos dirían: "¿Ves? Es por eso que no dejamos que las mujeres corran estas largas distancias". Entonces, tenía que terminar. Esas fueron las palabras de Bobbie; ella no dejaría que eso sucediera y esa era su verdadera carrera y propósito en la vida en ese momento.

La segunda mujer que corrió el maratón de Boston fue la primera en correr con un número de participante, lo que la convirtió en la primera mujer participante oficial. Pero ella también tuvo que disfrazarse. Tenía que registrarse con su nombre de una manera que no mostrara que era un nombre femenino. Cuando Katherine Switzer comenzó la carrera, se mezcló entre los otros participantes con el pelo corto y con la etiqueta 261. Katherine estaba corriendo la carrera cuando un funcionario la vio, dándose cuenta de que era una mujer. Saltó de un autobús, la agarró y trató de sacarla diciendo: "Largate de mi carrera". Afortunadamente, su novio lo abordó, enviándolo contra los arbustos abriéndole el camino a Katherine para que terminara la carrera. El incidente atrajo la atención de los organizadores de la carrera e hizo posible que las mujeres corrieran Boston y muchos otros maratones.

La primera mujer que corrió una maratón en los EE. UU. En realidad no fue Bobbie o Katherine, fue Arlene Pieper. Mi amiga Marcela me habló de ella porque tuvo el honor de conocerla en persona. Arlene corrió el Maratón Pikes Peak que nunca prohibió a las mujeres competir. En 1959, Arlene corrió la maratón completa que se pensaba que una mujer nunca podría lograr debido a su dureza. Arlene no sabía sobre su logro como la primera maratonista femenina en los Estados Unidos hasta décadas después de la carrera. La gente la buscaba para contarle lo que había logrado. Se publicó una recompensa en un periódico para la persona que la encontrará. Finalmente, fue encontrada y reconocida por lo que hizo.

Para mí, la carrera es La Carrera, y La Carrera es el Maratón de Boston. Esta carrera es difícil, porque se supone que es difícil. Es difícil correrlo, es difícil entrar. La única forma de participar en esta carrera es si calificas o si recaudas fondos para una organización benéfica. El maratón de Boston es el maratón anual más antiguo de los Estados Unidos y posiblemente del mundo. También es una de las carreras más prestigiosas. Los corredores por primera vez se alinearon para correr el Maratón de Boston fue el 19 de abril de 1897. Desde entonces, todos los corredores han hablado sobre la milla más desafiante, la Pendiente Rompecorazones, donde se erigió una estatua de Jonny A Kelley. La persona que corrió más maratones de Boston que cualquier otro fue Johnny Kelley, quien lo corrió 61 veces. De 1934 a 1950, terminó en la cima con tiempos en las 2:30. Su último maratón fue en 1992 a la edad de 84 años. Además de ser el "Corredor del siglo", Johnny era artista. Pintó más de 20 cuadros al año, el más encargado de ellos se tituló "El Sueño de Boston"". A los 70 años, Johnny dijo: "Tengo miedo de dejar de correr. Me siento muy bien. Quiero seguir vivo". Johnny, dos veces olímpico, falleció en 2004.

Algunos consejos y estrategia para correr el maratón de Boston de Mario Fraioli (23) (Dos Santos, 2014), entrenador de Ekiden:

- Preparate para el proceso de inicio, que llevará tiempo antes de llegar a la línea de inicio.
- El primer 5k es el más rápido de la carrera y es muy fácil dejarse llevar. Intenta relajarte y tratarlo como un calentamiento.
- Presta atención al clima y ten en cuenta lo que sucede antes de tiempo.
- La carrera es netamente cuesta abajo. Hay algunas colinas, así que entrena para el cambio de colinas en las últimas 5 millas cuando utilizarás otros músculos.
- Trata de saber qué ritmo esperar cuesta abajo y cuesta arriba. Probablemente perderás algunos segundos que necesitas para recuperarte durante el descenso.
- Practica a largo plazo lo que necesitas para la carrera, el horario de comidas y bebidas, no solo para Boston, sino en general.

Nada puede detenernos...

Luis Tovar, otro amigo que corrió con nosotros en Keys 100, es el corredor más rápido en FIT. Acaba de calificar para Boston con un tiempo de 2:55:05. No era corredor hace tres años con un peso de 202 libras. Luis casi dejó de correr porque estaba pasando por algunas dificultades. Pero gracias a nuestra amiga Marcela y su apoyo, Luis continuó. Pero esta vez, tenía una nueva determinación para cambiar, una nueva dieta y nuevas metas. Se convirtió en uno de los mejores corredores del sur de Florida.

Luis vino de Venezuela y comenzó desde cero. En Caracas, Luis quería correr, pero desafortunadamente el área donde vivía era demasiado peligrosa y nadie corría afuera. Cuando Luis llegó a los Estados Unidos encontró una nueva familia en FIT, conoció a muchas personas, y ahora tenemos un gran respeto y admiración por él. Su fotografía es una hermosa muestra artística de su pasión por correr. Siguió entrenando y cuando corrió su primera carrera, se sorprendió al descubrir que era el primer lugar en su categoría. Esa fue su motivación. Él sabe que puede hacer esto y que puede mejorar en cada carrera, no necesariamente para ganar, sino para ver una mejora continua. Kaizen

Al igual que Ana María, algo que ayudó mucho a Luis fue correr con personas más rápidas que él. En este caso, Luis conoció a Max, otro gran corredor. Usaron la sinergia de cada uno para mejorar y juntos una media maratón de lado a lado. Ambos terminaron en 1:29. Cuando Luis corrió la siguiente mitad, lo hizo en menos de 6:30 minutos por milla. Pero como dijo, su cuerpo aún no estaba completamente entrenado para correr esta velocidad y al final sintió algo de dolor que lo hizo tomar un largo descanso. Luis dijo que todos deben tener su propia experiencia. Todos podemos entrenar, todos podemos planificar, pero la experiencia de cada persona es diferente. Yo diría que la ruta establecida para nosotros de maneras diferentes y únicas, ya que todos somos únicos y no podemos vivir en la experiencia de la otra persona. Necesitamos ser felices por aquellos que lo están haciendo bien, y debemos apoyar a aquellos que no lo están haciendo bien. Con lo que sea que estés lidiando, es parte de tu experiencia y debes atravesarlo. Gracias a Dios que siempre está de nuestro lado.

Cada maratón de Boston es una experiencia diferente. Hubo momentos en que hacía tanto calor que la gente salía a animar con mangueras para rociar agua sobre los corredores. Fue un verdadero desafío permanecer en la carrera de 2017 con una temperatura muy alta. En el maratón de Boston, hay 29 carpas médicas a lo largo de la ruta y 7,000 voluntarios para asistir a la carrera. Pero ese año en particular, hacía tanto calor que las 29 estaciones estaban llenas. Hacía tanto calor que aparecían sillas de ruedas adicionales para atender a los corredores demasiado deshidratados. La carrera de 2018 fue todo lo contrario. Muchos corredores comenzaron con ropa normal para una carrera normal, pero la temperatura bajó mucho. Para Ana Maria Villegas, el Maratón de Boston de 2018 fue una experiencia como ninguna otra. Ella mencionó que su preparación fue al pie de la letra. Prestó atención a su nutrición y actitud mental, pero el día de la carrera, se encontró con condiciones climáticas que no esperaba. Sabía que iba a hacer frío y que iba a llover, pero lo que sentía era mucho más intenso de lo que decían los pronósticos. A pesar de las varias capas que llevaba puesta, sintió un frío intenso, además de que sus zapatos estaban mojados. Antes del comienzo, su grupo, como otros, trató de mantenerse cerca para calentarse mutuamente. Tenía tanto dolor en los dedos de las manos y los pies que no podía entender cómo iba a poder correr. La carrera aún no había comenzado y ella ya tenía tanto dolor. La adrenalina la ayudó a comenzar y todo fue bueno durante las primeras 13-15 millas. Pero de repente el frío aumentó y su cuerpo simplemente se apagó. No podía sentir sus dedos de los pies, pensó que sus dedos se iban a quebrar, por un tiempo no tuvo ninguna sensibilidad en sus piernas. Ella no podía dejar de temblar. En ese momento su carrera se convirtió en su lucha, tuvo que luchar, nunca detenerse, seguir avanzando, a cualquier ritmo. Como cualquier otro maratón fue una pelea para cruzar la línea, no fue para hacer relaciones públicas, solo para terminar y, aunque terminó a las 3:11, fue una batalla dura, pero ganó, cruzó la línea de meta. Las cosas a veces nos cambian, te preparas, planificas, anticipas, tienes un plan A, un plan B y un plan C, esperas lo mejor, pero de repente las condiciones cambiaron. El trato fracasó, la persona no apareció, la línea se detuvo antes de que lo hicieras, la respuesta fue no. Ya sabes, es una batalla, no has perdido la pelea. Tal vez el dolor es tan intenso que sientes que no puedes dar un solo paso más, vamos, sigue adelante, puedes hacerlo. Cruzarás la línea de meta. Ana María lo hizo, estaba sacudida, no sintió las piernas, pero lo hizo. Puedes hacerlo; Dios te dará el aliento extra que necesitas. Cruzarás la línea de meta.

La lluvia, el frío y el viento realmente afectaron a los corredores durante la carrera de 2018. Muchas de los élites la abandonaron. Probablemente lo que mantuvo a los finalistas fue que el sufrimiento del otro era el mismo; la miseria gusta de la compañía. Bueno, está el dolor de la piel, está el dolor de los huesos, pero no hay nada como el dolor del corazón. La única forma en que puedo describir esto es cuando recibí la noticia de que mi madre, a la edad de 48 años, estuvo involucrada en un accidente automovilístico con mi hermana. Vicky, mi hermana, sobrevivió con algunas fracturas, pero mi madre no sobrevivió. Y todo fue porque un conductor irresponsable decidió salir a la carretera bajo la influencia del alcohol. Tal vez el mismo sentimiento de muchos con un dolor sin descripción de lo que sucedió en el bombardeo del maratón de Boston, donde tantas vidas se perdieron y se vieron afectadas por una persona irresponsable.

Un día de febrero de 2018, una tienda para Corredores quería compartir un corazón de solidaridad con las víctimas y las familias de un tiroteo que tuvo lugar en una escuela de

Parkland, Florida. Esperaban algunas personas e íbamos a correr a la escuela secundaria Stoneman Douglas. En lugar de pocas personas, cientos de personas se presentaron en el estacionamiento para ofrecer amor y respeto. Comenzamos a correr al atardecer, y cuando el sol se ponía en el horizonte, llegamos a la escuela con un cielo naranja que se convirtió en noche. El sentimiento era como estar en tierra sagrada. Las imágenes de jóvenes a lo largo de la cerca con flores y signos de mensajes que venían del fondo del corazón eran un signo de tristeza y solidaridad. Un momento de silencio y oraciones por las familias se fue al cielo con un aroma a incienso llenaba el aire.

Un domingo por la mañana en noviembre de 2018, un grupo de ciclistas estaba haciendo su rutina de fin de semana a lo largo de la autopista 84 en Davie Florida, viviendo su pasión y divirtiéndose con amigos. De repente, una conductora distraída arrolló al grupo. Una mujer perdió la vida y al día siguiente otro miembro del grupo murió en el hospital. Otros fueron enviados a cuidados intensivos. Todo solo por que un conductor que no estaba prestando atención. Fue muy doloroso para nosotros ver a otros sufrir cuando estaban haciendo lo mismo que nos gusta a nosotros. Así, hay miles de historias que quizás conozcas. Por un momento, cambiamos el enfoque de nosotros mismos y de alguna manera transportamos nuestro espíritu para estar con los que sufren y sus familias. Nos gustaría estar allí y decirles que no están solos. Y eso es lo que sucede, no estás solo y Dios está de tu lado.

Se han perdido muchas vidas en mi país, Colombia, a manos de personas irresponsables que intentaron hacer cumplir su ideología con un arma en la mano. Pero Colombia no dejó que eso la detuviera. No dejé que la irresponsabilidad que mató a mi madre me detuviera. Los estudiantes de Stoneman Douglas no dejaron que la pena los detuviera. Ana María no dejó que el frío, la lluvia o el dolor la detuvieran. Luis no dejó que el dolor lo detuviera y los corredores de Boston no dejaron que la tragedia los detuviera. La vida es preciosa y debemos respetarla. Necesitamos hacer un mejor lugar para vivir y contar nuestras bendiciones. Necesitamos vivir nuestras vidas al máximo y no dejar que nada nos detenga.

Estas inserciones del discurso del presidente Obama en respuesta al bombardeo en el maratón de Boston son hermosas expresiones en honor a las víctimas de la tragedia. La ciudad de Boston, la determinación de los corredores, el corazón del pueblo estadounidense y el espíritu humano de resiliencia: "Las Escrituras nos dicen que corramos con resistencia la carrera que nos ha asignado. El lunes por la mañana, salió el sol sobre Boston. La luz del sol brillaba en el Domo de la Casa del Estado. En Boston Common, en el jardín público, la primavera estaba en flor. En este Día de los Patriotas, como tantos antes, los fanáticos saltaron a la T para ver a los Medias Rojas en Fenway. En Hopkinton, los corredores se ataron los zapatos y emprendieron una prueba de dedicación, valor y espíritu humano de 26.2 millas. Y en toda esta ciudad, cientos de miles de bostonianos se alinearon en las calles para entregarles a los corredores vasos de agua, para animarlos. Fue un hermoso día para estar en Boston, un día que explica por qué un poeta una vez escribió que esta ciudad no es solo una capital, no solo un lugar. Boston, dijo, es el perfecto estado de gracia... Y luego, en un instante, la belleza del día se hizo añicos. Una celebración se convirtió en una tragedia. Y así, nos unimos para orar, llorar y medir nuestra pérdida. Pero también nos reunimos hoy para reclamar ese estado de gracia, para reafirmar que el espíritu de esta ciudad no se desanima, y el espíritu del país permanecerá intacto... En palabras de Dick Hoyt, quien ha empujado a su hijo discapacitado Rick en 31 maratones de Boston, no podemos dejar que algo como esto nos detenga. Esto no nos detiene. Y eso es lo que nos has enseñado, Boston... Eso es lo que nos has recordado, seguir adelante, perseverar, no cansarse, no desmayarse incluso cuando duele. Incluso cuando nos duele el corazón, invocamos la fuerza que tal vez ni siquiera sabíamos que teníamos, y continuamos; Terminamos la carrera. Terminamos la carrera, y lo hacemos por lo que somos, y lo hacemos porque sabemos que en algún lugar a la vuelta de la esquina, un extraño tiene un vaso de agua. A la vuelta de la esquina, alguien está ahí para motivar nuestros espíritus. En esa milla más difícil, justo cuando pensamos que hemos chocado contra una pared, alguien estará allí para animarnos y recogernos si caemos. Sabemos que... Seguiremos. Corremos. Nos esforzamos. Construimos y trabajamos, amamos, y criamos a nuestros hijos para que hagan lo mismo. Y nos unimos para celebrar la vida y caminar por nuestras ciudades y animar a nuestros equipos cuando los Medias Rojas, luego los Celtics, luego los Patriotas o los Bruins son campeones nuevamente, para disgusto de los fanáticos de Nueva York y Chicago. Las multitudes se reunirán y verán un desfile ir por la calle Boylston. Y esta vez el próximo año, el tercer lunes de abril, el mundo volverá a esta gran ciudad estadounidense para correr más fuerte que nunca y animarse aún más fuerte para la 118ª Maratón de Boston. Puedes contar con ello. Mañana saldrá el sol sobre Boston. Mañana saldrá el sol sobre este país que amamos, este lugar especial, este estado de gracia. Las Escrituras nos dicen que corramos con resistencia la carrera que tenemos por delante. Mientras lo hacemos, que Dios mantenga cerca a los que nos han sido arrebatados demasiado pronto, que consuele a sus familias y que siga vigilando estos Estados Unidos de América ".

Hermosas palabras del presidente Obama que describen el corazón del corredor en la vida y en el camino. Describe la carrera de aquellos que nos han precedido para allanar el camino para un futuro mejor para nuestros hijos. En momentos de frustración, desilusión, desesperación, dolor o revés, nada puede impedir que terminemos la carrera.

Montate

Los participantes en maratones están aumentando en todo el mundo. Solo en los Estados Unidos, más de medio millón de maratonistas se registraron el año pasado. La motivación para correr un maratón puede ser porque es un evento que cambia la vida de alguien, una victoria de superar un desafío personal o identificarse con una causa. Correr puede enseñarte que podemos hacer cosas difíciles y que vale la pena. Lo mejor de una carrera de maratón es maximizar nuestro propio potencial. El cuerpo puede realizar tres veces más de lo que habíamos entrenado y realmente la batalla principal está en la mente. Si alguien más gana, no significa que yo haya tenido un mal desempeño. Y si gano, no significa que haya tenido un buen desempeño. La clave es que tenemos un potencial que podemos maximizar, y ese es nuestro objetivo.

Podemos usar a las personas que nos rodean para elevarnos a nuevos niveles y podemos ayudar a elevarlos, como dice el profesor Ward. Cuando nos enfocamos en ser lo mejor que puedo ser es cuando alcanzamos nuestro máximo potencial. Recuerdo que cuando comencé a correr, le dije a alguien cercano que quería correr un maratón. La reacción que obtuve de esa persona fue que estaba loco, que era imposible para mí hacer eso, que solo personas bien entrenadas pueden hacer eso, y que nunca estaría cerca nisiquiera a correr un 10k, Mucho menos un maratón. No le creas a la gente que intenta derribarte y decir que no puedes hacer realidad tus sueños.

Muchos caminos en todo el mundo son el patio de recreo de miles de corredores, ya que la carrera en todo el mundo ha experimentado un gran auge de popularidad. En España, hay paisajes impresionantes y es el hogar de grandes maratones como el Maratón Nocturno de Bilbao y el Cami de Camino Épico de Cavalls de 360 grados en Menorca. La Menorca Cami es una de las carreras más largas y duras de Europa con 158 km. En Colombia, muchas personas aprovechan la Ciclovía los domingos cuando las carreteras principales de las ciudades están cerradas y se convierten en un camino principal para correr; La subida en Bogotá a "Los Patios" con una subida de 460 metros es un gran desafío. En Brasil, especialmente en Río, la carrera se ha disparado desde que Río fue sede de los Juegos Olímpicos. La gente va a la playa y corre por el paseo marítimo, Ipanema o Copa Cabana. El bosque de Tijuca en las colinas al oeste de Río tiene senderos por donde pasan cascadas y está lleno de monos y otros animales salvajes con vistas de la ciudad y la estatua de Jesús [Cristo Redentor] en Corcovado. Hay senderos desde el bosque hasta la base de la estatua.

Según Active, las 10 mejores ciudades para corredores en EE. UU. (24) (Grotewold, 2019) son,

- Washington DC con una vibrante comunidad de clubes de corredores como DC Corredores de Vías, el Maratón Fuerzas Marinas y lugares para correr como el Mall.
- Flagstaff, Arizona, es un campamento de entrenamiento a 7,000 pies sobre el nivel del mar y es el hogar de McMillan Elite, un grupo entrenado por Greg MacMillan.
- Minneapolis / St. Paul, Minnesota, con el maratón urbano más bello, el "Maratón de las Ciudades Gemelas". Es el hogar del equipo USA Minnesota, con senderos como la cadena de lagos o 24 pistas de atletismo bajo techo.
- San Francisco, California, con lugares para correr como Presidio, Parque Golden Gate y Campo Crissy al Parque Océano.
- Portland, Oregon, más de 220 millas de senderos, sede del Proyecto Nike Oregon, grupo de élite entrenado por Alberto Salazar.
- Chicago, Illinois, con la maratón plana de Chicago, y senderos como el Des Vía del Río Plaines.
- Boulder, Colorado, con Newton y Hoka con sede allí, y muchos senderos como Sendero Boulder Creek.
- Boston, Massachusetts, hogar del maratón más antiguo y prestigioso y donde la carrera a distancia es una tradición.
- Eugene, Oregon, hogar de Ciudad Track USA, donde el fallecido entrenador Bill Bowerman y el cofundador de Nike elaboraron zapatos para sus corredores y con senderos como el de Amazon.
- Y número uno, Nueva York, Nueva York, con más de 50 clubes de corredores y la Asociación de Corredores de Nueva York.

En Houston, muchas personas convergen en el parque Memorial temprano en la mañana. Muchos grupos colocan mesas a lo largo de sus rutas con bolsas de agua, fruta y galletas Oreo. Marcan sus mesas con los nombres de sus equipos y con respeto solo se abastecen en sus propias mesas. Muchas tiendas para carredores tienen carreras organizadas. Una que me parece interesante es la Funky Carrera Divertida en Fort Lauderdale los jueves por la noche. Los corredores salen de tres a cinco millas y terminan la carrera en el área de la piscina de un hotel con fruta, bebidas y un tiempo social. En Miami y Fort Lauderdale, la playa se transforma, la noche con la gente yendo a cenar y caminando, luego la gente saliendo de los bares y fiestas caminando con sus bebidas en mano, y luego temprano en la mañana, cientos de corredores se encuentran a lo largo de la playa.

Weston Florida es un lugar especial para el deporte. La forma en que se presenta la ciudad la convierte en un lugar muy agradable para correr. Las personas se encuentran en diferentes partes y se cruzan con amigos durante la carrera de la mañana. Si quieres conocer a un amigo que no has visto en pocos días, solo sal por la mañana y corre. Es como el Giro en Albania, donde la tradición es que alrededor de las 6:00 pm la gente sale a caminar por el bulevar principal de las ciudades. Si quieres conocer a alguien, solo ve al Giro. Si está buscando algo que hacer, simplemente llame a una amiga y dígale: "Oye, nos vemos en el Giro". En Weston, entrenamos en las carreteras, vamos a las pistas de velocidad o corremos colinas en un parque que se transformo en una colina verde en lo que solía ser un basurero. Tenemos el primer lunes del mes, el miércoles con Weston Run Club, el jueves con Runners Depot y el sábado con FIT o muchos de los otros grupos. Asistimos a carreras, nos divertimos, nos ayudamos mutuamente, construimos comunidad, nos motivamos con hábitos saludables, corremos nuestra carrera y esperamos a los demás cuando cruzan la línea de meta.

Esta es mi carrera

Puedes correr con amigos, en equipos o clubes. Puedes correr junto a miles de personas, pero al final del día, solo estás corriendo contra ti mismo. Estás corriendo para competir con esa voz que te dice que es demasiado difícil, preguntándote qué estás haciendo aquí, o deberías estar en la playa. Pero podría haber una voz que te dice que vas a alcanzar un nuevo RP, vas a lograr una meta, estás apoyando una causa o vas a honrar a un amigo, una familia, o un pariente que está luchando con cáncer o que no puede caminar. Estás corriendo contra ti mismo, porque esta es tu carrera. Cuando miro hacia atrás en la carrera que Dios ha trazado para mí, puedo ver que ha sido diseñada de una manera única. No hay nadie en el mundo que tenga las mismas huellas digitales que tu, nadie en el mundo tiene el mismo ADN que tu tienes. En todos los millones y millones de personas del mundo, eres hecho único con un propósito que Dios ha creado para ti. Para mí, se ha revelado poco a poco y probablemente comenzó a revelarse el día que estaba volando, rescatando personas durante la tragedia de Amero, Colombia.

Armero era un pequeño pueblo ubicado en el valle justo al lado del gran Volcán del Ruiz, cubierto de hielo y nieve. El día de la tragedia, el volcán comenzó a liberar toneladas de cenizas volcánicas, creando una gran nube oscura. La gente del pueblo estaba confundida, no sabían qué hacer. Muy pocos abandonaron la ciudad, pero la mayoría decidió quedarse ya que la emisión de cenizas disminuyo. Desafortunadamente, durante la noche, mientras la gente dormía, enormes pedazos de hielo se desprendieron de la cubierta del volcán y se derritieron. A medida que bajaba, ganó fuerza y presión en el camino hasta llegar al fondo, borrando a toda la ciudad de Armero del mapa. Me acordé de volar horas y horas en el helicóptero sacando gente del lago de lodo. Escuchamos informes en las noticias y en la radio sobre Omayra. Una niña que se quedó atascada debajo de un pilón y solo su cabeza sobresalía del agua turbia. La intención de liberarla falló y después de días de escucharla en la radio, murió.

Vi familias abrazándose unas a otras sobre el barro y las pilas de escombros de lo que eran sus hogares. Uno de los momentos más vívidos fue cuando rescatamos a un niño pequeño que vestía solo piezas de una camiseta desgarrada y fangosa y presionaba algo con las manos. Más tarde vi que era su barriga y que tenía las entrañas que salían de una gran abertura debajo de su camiseta. La cara de este pequeño niño rubio estaba marcada en mi mente. Me preguntaba qué le iba a pasar sin familia y en tales condiciones. El dolor era demasiado grande para soportar. Después de días de rescates desde el amanecer hasta el anochecer, fui a sentarme en la montaña para mirar el campamento. Los helicópteros iban y venían con víctimas que fueron tratadas. Oré y dije: "Dios, si me has permitido ser piloto, oro para que a partir de ahora utilices mis habilidades para salvar a las personas que necesitan ayuda" y comenzó mi carrera. Tienes que correr hacia tu destino. No importa si fallas. Será mejor que intentes y fracases, a que no lo intentes del todo. Arriésgate, incluso si el resultado no es lo que esperas. Al menos te arriesgaste. Corre hacia tus sueños, corre para perseguir la felicidad, para desarrollar los talentos que Dios te dio y para cruzar la línea de meta.

Hice muchos vuelos con la Fuerza Aérea Colombiana llevando médicos a lugares remotos, y sentí que Dios iba a ampliar mi territorio. Vi un anuncio en una revista de aviación que reclutaba pilotos para una organización de aviación misionera. Sentí una fuerte necesidad de mantener ese pequeño anuncio y lo puse en mi billetera. Tal vez cinco años después, mi madre murió. Sentí que me quitaron un pedazo de mí, pero al mismo tiempo sentí paz porque mi madre iba a estar en un lugar mejor. Tengo tanto alivio y agradecimiento porque en los últimos meses de la vida de mi madre, hablamos sobre las promesas de Dios y oramos juntos. También sentí que nada me detenía, dejar que Dios hiciera lo que quisiera hacer conmigo. Las imágenes del rostro del niño de Armero y el grito de Omayra seguían viniendo a mi mente. Recordé el pequeño anuncio que puse en mi billetera años antes, así que busqué y abrí mi billetera y el papel todavía estaba allí. Estaba muy viejo y roto. Apenas podía leer el número de teléfono, así que llamé y descubrí que era una organización misionera que usa helicópteros para brindar esperanza a personas en lugares remotos de África, Asia y, en ese momento, en Albania. Para resumir, un año después estaba aterrizando en Tirana, Albania, para ser piloto misionero durante tres años, llevando el amor de Dios y la ayuda humanitaria a las personas de las aldeas. Eso fue parte de mi carrera.

Mi carrera continuó en Texas, donde trabajé durante más de diez años como piloto de ambulancia aérea, y ahora espero ver qué hará Dios conmigo el resto de la carrera. Solo necesito dejar que me lleve y me dirija. Es como estar en sus manos. Es como poner mi vida en manos de mi padre. Me hace pensar en un equipo de padre e hijo que corrieron maratones. Quizás estés familiarizado con la historia de Dick y Rick Hoyt. Rick es el hijo de Dick, y cuando nació, su cordón umbilical estaba envuelto alrededor de su cuello. Causó daño cerebral que lo confinó a una silla de ruedas por el resto de su vida. No podía comunicarse normalmente. Rick pudo comunicarse usando la computadora desarrollada por alguien que usó sus talentos para servir a otro. Un día, le comunicó a su padre que quería participar en una carrera de beneficios de 5K que se organizó en su vecindario. Su deseo era estar en la carrera, y le pidió a su padre que lo llevara a la carrera. Su deseo fue suficiente motivación para que su padre saliera y lo empujara en su silla de ruedas durante la carrera. Cuando terminaron la primera carrera, Rick le dijo a su padre que sentía libertad. Dijo que durante esa carrera sintió como si pudiera caminar de nuevo, la sensación era muy especial y quería volver a hacerlo y ese fue el comienzo de su carrera. Corrieron más de 100 maratones y muchos triatlones, y Dick lo hizo todo porque Rick tenía una necesidad. El tuvo un sueño. Todos tenemos sueños, y si confiamos en nuestro Padre Celestial, él puede llevarnos a lugares que no podemos imaginar, puede hacer lo que parece imposible y cumplirá los deseos de nuestro corazón si están de acuerdo con la voluntad de Dios para nuestra vida.

Dick puso a Rick en un pequeño bote inflable para tirar de él mientras nadaba, luego lo llevó a un asiento especial que hizo frente a la bicicleta para montar con él, y finalmente lo empujó en la silla de ruedas para correr con él. Muchos relacionan esta historia, con la historia del amor de un padre. Realmente exigió del padre sacrificio, dedicación, fuerza y compromiso para traer a su hijo a esas carreras. Pero quiero ver esta historia desde la perspectiva de Rick.

Era tanto la carrera de Rick como la de su padre. Tenía que confiar al 100% en su padre. No sabía a dónde lo llevaba la carrera. El agua estaba agitada a veces, y si por alguna razón se separaba de su padre, se iría a la deriva sin esperanza, no podría nadar, no podría encontrar su dirección y no podría mover el bote. Él entregó su vida a su padre y porque lo hizo, corrió muchas carreras. Me siento como Rick; la carrera es mi carrera, pero dependo 100% de mi padre, Dios, para llevarme a los lugares que él solo conoce, para llevarme a través del curso y para permitirme sentir libertad, alegría y lograr lo imposible.

Quizás Rick no pudo ver a dónde iba, quizás no pudo ver la dirección en su vida. Pero su padre le mostró poco a poco. Si te encuentras en un lugar y tiempo donde no hay esperanza, donde no ves dirección, confía en Dios. Entrégate a su dirección y deja que te lleve a través de las aguas turbulentas. Te mostrará poco a poco.

Para Marcela, su carrera en la vida comenzó también como un cumplimiento del plan de Dios para su vida. Marcela es la directora de FIT y, junto con el gran equipo de FIT, ha tocado la vida de cientos de personas como yo. Ella los ha ayudado a mejorar su estilo de vida. Los entrenadores de FIT, Brian, Cat, Christina, Denise y Luis, junto con sus entrenadores asistentes, ofrecen un programa de capacitación para ayudar a los miembros a lograr sus objetivos de completar un medio maratón o un maratón completo. Pero es más que un programa de entrenamiento. FIT es un lugar para ayudar a las personas a fortalecerse física y mentalmente y crear relaciones duraderas.

Marcela llegó a los EE. UU. A fines de los años 80 y trabajó como entrenadora física cuando le presentaron el FIT. Estaba buscando algo diferente a la rutina de gimnasia y escuchó sobre el entrenamiento de maratón de un amigo. Ella pensó que no era para ella. Ella pensó que el entrenamiento requerido para un maratón era el entrenamiento para las élites y las personas que corren rápido. Pero su amigo la motivó y ella fue al entrenamiento. Fue una experiencia hermosa para Marcela. John Hall es el fundador de FIT y fue el entrenador de Marcela, algo que Marcela aprendió del entrenador Hall fue "siempre seguir adelante". No importa lo que estemos pasando, incluso si parece que no hay esperanza, debemos seguir avanzando. Marcela decidió comenzar el entrenamiento, pero no contempló hacer un maratón. Para ella, era algo imposible, pero ella siguió el programa. Cuando llegó el momento de la maratón, Marcela estaba lista. Ella hizo su primera media maratón en Tampa. Descubrió una nueva pasión y decidió entrenar para la maratón completa en Ottawa. Cuando Marcela terminó, no había medallas, ni gente alrededor, a pesar de que todos habían terminado. Pero su entrenador la esperó y le entregó su propia medalla. Estaba decidida a seguir entrenando para más carreras y no dejar que las circunstancias la desmotivaran.

FIT pudo haber ayudado a la personalidad de Marcela, pero diría que Dios usó FIT como una herramienta para ayudar a su personalidad y su fe. Muchas de las cosas que Marcela y FIT hacen son por fe. El equipo, los entrenadores y los entrenadores asistentes son excelentes personas. Sin ellos, FIT no sería lo que es. Dios usa personas para ayudarnos en la carrera de nuestra vida; a veces nos pone en situaciones en las que debemos dejar nuestro ego a un lado y buscar a otros para obtener ayuda. Y sobre todo, recuerda que Dios está de tu lado. Incluso si sientes que estás solo, eres el único con tus necesidades. Dios es lo suficientemente grande como para atender esa necesidad, y muchas veces lo hace a través de las personas. La forma en que FIT, los entrenadores, los entrenadores asistentes y los miembros tocan la vida de los demás es algo que tal vez no se pueda entender, pero está ahí. Tal vez pienses que solo impactas a unas pocas personas, pero ellos impactan a otros, y los otros impactan a más personas.

Algo que FIT puede ofrecer es que tiene una estructura. Cuando quieres lograr cosas en la vida, necesitas desarrollar una estructura, una disciplina. Muchas personas vienen a FIT y no están seguras de poder hacerlo. Les decimos que muchas personas han pasado por FIT pensando lo mismo, pero han seguido el programa y lo han logrado. Sin importar el nivel de condición física que tienen cuando vienen a FIT; reciben ayuda para desarrollar lo que necesitan. Marcela ya ha corrido 75 maratones y los seis mayores maratones mundiales. En uno de esos, el maratón de Nueva York tuvo la oportunidad de vestir los colores de Colombia durante el desfile de naciones. Los seis mayores son especiales, Tokio con su desfile, Boston con su legado y Berlín con la historia. El impacto que el muro causó en Marcela fue grande, ella piensa que a veces tenemos muros en nuestras vidas que nos impiden hacer muchas cosas.

En una de sus carreras, Marcela era marcapasos y estaba al lado de una dama de Detroit. Después de 8 millas, las banderas, Aquiles y algunos otros siguieron adelante. Marcela se quedó con Jackie, quien dejó la nieve para bajar a Florida para participar en su primer medio maratón. Ella decidió ese objetivo hace aproximadamente un año y se ha estado preparando debidamente para ello. ¡Había perdido 40 libras y el día de la carrera fue el momento de la verdad! Comenzó fuerte, pero a medida que el día se hizo más cálido, disminuyó la velocidad y se convirtió en un desafío para ella. Sin embargo, ella era fuerte y decidida, y Marcela no iba a dejar que renunciara a su sueño. Entonces, ella se quedó con ella, animándola y aclamándola. Para resumir, ¡fueron las últimas medios finalistas a las 4 hrs y 19 minutos! ¡Ella lo hizo! Al final lloraron juntas, ¡y Marcela estaba muy orgullosa de ella! Y feliz de estar allí para ayudarla a lograr su sueño. Fueron los últimos, pero salieron victoriosos, cruzaron la línea de meta, el precio fue un sueño hecho realidad. Sigue persiguiendo tus sueños, ¡puedes hacerlo! Al igual que Marcela, todos podemos marcar la diferencia en la vida de alguien. Sigamos haciendo lo que hacemos. Es muy simple.

Visualiza el éxito

La idea es correr la carrera y terminar, tener éxito, pero ¿qué es el éxito? Necesitamos definir el éxito. La definición de éxito de Merriam Webster es el resultado favorable o deseado, también, el logro de riqueza, favor o eminencia (riqueza, respeto, fama), pero esta definición está desactualizada. En realidad, hay una universidad que está tratando de revisar esta definición en el diccionario. Una encuesta patrocinada por la Universidad de Strayer (25) (Universidad de Strayer, 2014) concluyó que el 90% de los 2,011 participantes creía que el éxito es más sobre la felicidad que el poder, las posesiones o el prestigio, y el 67% dijo que asocian el éxito con el logro de objetivos personales; El 66% definió el éxito como tener "buenas relaciones con amigos y familiares"; y el 60% dijo que se trata de "amar lo que haces para vivir". Solo uno de los cinco mencionó la riqueza monetaria. El Dr. Michael Plater, presidente de la Universidad de Strayer en el momento de la encuesta, dijo: "Esto indica un cambio claro en la forma Los estadounidenses están pensando en su viaje personal [su carrera personal]. Ya no se trata del auto o la casa. En cambio, las personas se centran en vivir una vida plena, ya sea que eso signifique encontrar una mejor carrera, lograr metas personales o pasar más tiempo con sus familias. "El éxito es amor, honrar a Dios y saber que no se puede hacer todo solo. Cada uno de nosotros tiene una meta, y el éxito es desarrollar nuestros talentos y vivir en abundancia, sea cual sea nuestra pasión y ayudar a otras personas. Esto es independiente de cuánto tenemos o de nuestra condición física, una persona con impedimentos físicos puede ser muy exitoso. Cada persona con su propia personalidad e individualidad es llamada para algo, y cuando eso se logra, hay éxito"

El hábito de visualización es importante porque cuando ves lo que quieres para tu vida, estás liderando tu vida. Cuando visualizas sobre tu propósito y tu misión en la vida, te dará enfoque. Mel Robbins, un orador motivador, presentador de televisión y comentarista de CNN, habla sobre la visualización (26) (Robbins, 2019) como un hábito que debes tener y es una habilidad poderosa. Nuestro cerebro tiene un sistema que permite cierta información y bloquea otra información. Todo este sistema es activado por los pensamientos saludables o no saludables que ponemos en nuestra mente. Si nos visualizamos y miramos nuestras vidas con la mejor versión de nosotros mismos, nos veremos haciendo grandes cosas. Además de visualizar las cosas que podemos tener o hacer; podemos visualizar las emociones positivas que vamos a tener. Tarda tan solo 30 segundos en visualizarte haciendo las habilidades que quieres tener y la forma en que quieres ser, ¡así que cree en ti mismo!

Es importante visualizar el éxito y lo que significa el éxito para usted. Si hay una persona que sueña con escribir un libro, tal vez algunos amigos piensen que no tuvo éxito porque vendió solo 200 copias. Pero para él, fue un gran éxito porque terminó un sueño y dejó un libro para sus hijos. Nunca pensó en un cierto número de copias, por lo que tuvo mucho éxito. Vi una película sobre un triatleta en España llamada 100 metros y fue una historia real. En la película, fue el último en la carrera. Llegó tan tarde que todos habían abandonado la carrera. Solo su familia y un puñado de amigos lo esperaban en la línea de meta. Estaban preocupados porque la mayoría de los corredores llegaron a última hora de la mañana, pero él llegó a media noche. Muchos podrían pensar que desde que fue el último no tuvo éxito, pero ese fue el mejor día de su vida, un gran éxito, la culminación de años de preparación y más que eso, la marca de la reunión de su familia y la victoria sobre una pelea con esclerosis múltiple. Perdió su trabajo porque estuvo paralizado por momentos, luchó por encontrar su identidad en medio de las visitas al médico y tuvo problemas de enfermedad. Cuando fue a las citas médicas, vio a personas sin esperanza, casi listas para renunciar a la vida. Decidió ser una inspiración para ellos, para él y su familia. Comenzó a entrenar para algo que nunca antes había hecho: un triatlón. Se entrenó durante un año y se encontró paralizado una mañana en la playa, incapaz de salir del agua. Su entrenador y su suegro lo sacaron del agua. Un entrenador que se cambió a sí mismo gracias a su inspiración, una vez alcohólico, ahora era alguien que podría ayudarlo con su talento como entrenador. Se recuperó, pero para hacer su triatlón, necesitaba comenzar de nuevo. Sin embargo, lo hizo con un año más de entrenamiento. Entonces, esa noche en la línea de meta, cuando fue el último corredor, logró la carrera más maravillosa, entrenó dos años para esa carrera, luchó con enfermedades, dolor, frustraciones y pérdidas, pero lo hizo de todos modos. Cruzó la línea de meta. Él dijo: "Si solo puedo correr estos 100 metros, entonces vendrán los siguientes 100 y los siguientes". Pero él solo estaba dando pequeños pasos. Para mi amiga María Beatriz, los 100 metros significaban lo mismo cuando dijo que si solo podía correr a ese buzón. Y entonces vendrá lo siguiente, y luego lo siguiente. La tarea puede parecer demasiado difícil o demasiado grande, pero si la dividimos en partes, si pasamos de objetivos pequeños a objetivos más grandes, entonces será más fácil. La forma de comer un elefante es un bocado a la vez.

Para Marissa, la carrera es como la vida, hay altibajos, momentos de felicidad y momentos en los que te sientes cansado. Cómo superar las dificultades es parte de la carrera y es parte de la vida, y para eso, necesitas ganar fuerza. Necesitas entrenar. Así que vive tu vida lo mejor que puedas. Necesitas ganar fuerza en diferentes áreas, una de ellas es la nutrición, necesitas darle a tu cuerpo lo que realmente necesita.

El día de la carrera, vuele su plan de vuelo, no intente nada nuevo, no coma algo que no haya probado antes. Sin zapatos nuevos, pantalones cortos nuevos o una camisa nueva, sin calcetines nuevos. Trate de llevar su equipo de carrera en el equipaje de mano e intente no revisar su equipaje porque si se pierde y tiene que comprar cosas nuevas, será malo. Todas estas cosas deben ser probadas en sus carreras largas.

Comienza a hidratarte unos días antes de la carrera. Bebe agua antes de la carrera y durante la carrera. Ten un plan de baño. Toma un desayuno simple alto en carbohidratos; Me gusta comer avena y comer fruta. Asegúrate de haber aplicado vaselina o Body-Glide en las áreas donde pueden producirse roces. Ten algo para calentarte antes de que comience la carrera; Tal vez un suéter que puedas tirar. Ya había cometido el error de comenzar demasiado rápido algunas veces. Deja que tu cuerpo se caliente y acelere el ritmo. Asegúrate de beber a lo largo de la ruta, incluso si hace frío o llueve, necesitas beber, tus músculos deben estar hidratados, de lo contrario podrías terminar con calambres. Disfruta de la carrera y saca energía de la alegría o de otros corredores. En cuanto a un plan de nutrición, intenta complementar cada 45 minutos, o cada 5 a 6 millas, con geles que no sean pesados para el estómago. Personalmente, me gustan los geles hechos con semillas de chía, pero ahora estoy preparando mis propios geles. Mezclo ciertas nueces con proteína orgánica en polvo, dátiles, cacao crudo, aceite de coco, agua de coco, solubles de salvado de arroz y cúrcuma, luego las empaco en pequeñas bolsas con cierre hermético. Gracias, Kristen, por la receta; Ella es una excelente entrenadora de nutrición y corredora. Para las carreras largas, puedes alistar algunas paradas de agua o esconder una provision tal vez a la mitad.

Trata de romper mentalmente la carrera en cuatro partes y si logras una de esas partes sientes que te estás bajando, bloqueate en tu enfoque. No dejes que tu mente te engañe. Se fuerte y valiente. ¡Corre los primeros 3/4 de la carrera con tu mente, y los últimos 1/4 de la carrera con tu corazón! Pero asegurate de que incluso si tienes que gatear, cruza la línea de meta.

"Si la mente no esta sincronizada con el cuerpo, seguramente no alcanzaras la meta."

Foto de Luis Tovar

"Todo el trabajo esta echo y tengo confianza. Di todo de mi.
Algunos días son mejores que otros, pero el compromiso y la pasión
fue siempre la misma. Tiempo para enfocarme en creer que lo puedo
hacer."

Foto de Ana Maria Villegas

"¿Crees que correr es fácil? Si nunca has entrenado hasta que te duele. Si nunca has llorado por una lesión. Si nunca has cruzado la línea de meta. Nunca has conocido el correr"

Amigos en Entrenamiento

Foto de Friends in Training

Capítulo 5.

CORRIENDO CON UN PROPÓSITO

El propósito comienza con gratitud

Cuando corrí mi primer maratón en 2016, disfruté toda la carrera en Washington DC, pero lo que dejó una impresión en mi vida fue la Milla Azul de la maraton del Cuerpo de Marinos de los EE.UU. Saludamos a nuestras tropas como una forma de expresar gratitud a aquellos que han dado su vida por nuestra libertad. Una milla con fotos de la mayoría de los jóvenes que habían puesto sus vidas en el campo de batalla estaba presente en ese lugar. Tengo tanta gratitud por este país, el país que me dio nuevas oportunidades, donde nacieron y crecieron mis hijos, donde tengo mi hogar, mis amigos. Me hizo pensar en mis valores, gratitud y determinación. Este país es un crisol de culturas traídas de inmigrantes y nativos americanos con determinación con la esperanza de construir un futuro mejor. Después de la tragedia del 11 de septiembre de 2001, quería mostrar esa gratitud al país, así que me uní a la Reserva de la Marina de los EE.UU. Correr por la Milla Azul me dio el mismo sentimiento de agradecimiento por aquellos que murieron por nosotros, especialmente cuando vi a las madres que corrían, se detenían y se arrodillaban frente a las fotos de sus hijos, con lágrimas en los ojos que se mezclaban con el sudor... Una ligera neblina cubría el campo, el único ruido que se podía oír eran los pasos de los corredores saludando las banderas sostenidas por los familiares de los que murieron por nosotros.

Es la misma gratitud que siento por mi país, Colombia, donde serví en la Fuerza Aérea. Hubo momentos difíciles para combatir la guerrilla y los carteles de la droga, pero al mismo tiempo, ayudamos a las personas necesitadas o en dificultades. Muchos soldados en Colombia, y también civiles en las zonas de conflicto, dieron su vida por la libertad de los colombianos. Muchos fueron víctimas de minas terrestres y perdieron sus piernas. Hay una carrera en Colombia "Presta Tu Pierna" (27) (Presta tu Pierna, 2019) para ayudar a esas víctimas. Los corredores corren con pantalones que solo tienen una pierna. Es una carrera con un propósito.

Ana Maria Villegas es la ganadora de la carrera Wings for Life 2018 en Australia y Wings for Life 2017 en EE. UU. En esta peculiar carrera no vas a la línea de meta, sino la línea de meta viene a ti. La carrera tiene lugar en 23 países y comienza al mismo tiempo. La Carrera Mundial Wings for Life es una de las carreras más divertidas que he tenido. Treinta minutos después del comienzo de la carrera, un auto comienza a perseguir a todos, una vez que el auto te pasa, ahi es donde terminas. En ese punto, vas al punto de recogida más cercano y un autobús te lleva al inicio. Es divertido terminar una carrera en un autobús, pero así son las cosas.

Wings for Life es una de mis carreras favoritas, si no mi favorita. Es muy especial para mí porque es donde conocí a una persona con un lugar especial en mi corazón. Corrimos la primera milla en Wings for Life 2016. Todo comenzó cuando la vi con sus colores amarillo, rojo y azul. Es especial para mí y para miles de corredores de todo el mundo. Exactamente 120,054 corredores participaron en Wings for Life 2019. En los Estados Unidos, solo hay una carrera emblemática en América del Norte y es en Sunrise Florida, a cinco minutos de mi casa. En total, 323 ubicaciones en un evento como el de Sunrise o el uso de una aplicación con un auto de captura virtual. Para nosotros, es nuestra carrera internacional local. Es especial para otra amiga, Madeline, cuya reflexión sobre la Carrera Mundial 2019 es: "Durante los tres años consecutivos de esta carrera, estuve orgullosa de mis récords: 2014: 14.86 millas; 2015: 17.22 millas y 2016: 14.43 millas. Este año-2019, logré un nuevo PR (peor récord): 10.79 millas; ¡Y sin embargo, *estaba eufórica!* ¿Por qué estaba tan feliz después de haber actuado tan mal en esta carrera?

Después de mucha reflexión, me di cuenta de que durante las últimas semanas, he estado entrenando en dolor e incomodidad en el tendón de Aquiles de mi pierna derecha, particularmente durante las 1-2 millas de ejercicio. Estaba profunda e inevitablemente preocupada. Sin saber si tendría que reducir o incluso interrumpir las carreras de entrenamiento, continué haciendo ejercicio/entrenando con mucha precaución y optimismo. Más importante aún, estaba preocupada por el impacto de esta nueva lesión persistente en mi entrenamiento para el maratón de Chicago. De todos modos y por alguna extraña razón, el dolor ha disminuido significativamente desde ayer por la tarde, poco después del final de la carrera. No hay signos de dolor cuando salí de mi cama esta mañana. Esto no tiene sentido lógico (al menos, no para mí) y, como algunos pueden clasificarlo, puede ser milagroso.

Geovanny, mi esposo, no asistió a ninguna de mis tres carreras anteriores de Wings for Life. Ayer, por primera vez, no solo asistía sino que también participaba en la carrera. Me dije a mí misma que tenía que hacer todo lo que estuviera en mi poder para hacer de esto una experiencia memorable y agradable para él. A diferencia de la mayoría de los participantes en este evento, Geo odia correr. Normalmente, en carreras largas, corro más y más rápido que él. Ayer, por otro lado, planeaba correr junto a él. Quería experimentar la prisa de ser perseguida por el "auto que atrapa" con él a mi lado. La expresión de su rostro mientras intentamos evitar lo inevitable iba a ser invaluable. Bueno, eso nunca sucedió. Geo me dejó poco después de cruzar el marcador de 8 millas. Estaba corriendo esta carrera porque le rogué, no esperaba correr más de 6-8 millas y ahora, estaba superando sus expectativas de rendimiento con mucha comodidad. ¡No estaba feliz, estaba emocionada!

Durante mis más de 9 años de carrera competitiva, he corrido muchas carreras en las que me he encontrado y he conocido a muchas personas maravillosas y talentosas. Hasta el día de hoy, algunos de estos corredores son considerados mis amigos. Con muchos de ellos, he seguido entrenando y disfrutando de experiencias de la vida fuera del mundo del corredor. Además, algunos se han convertido en los miembros elegidos de nuestra familia. ¡Wings for Life 2019 fue especial! Pude correr junto a corredores que respeto y admiro profundamente; muchos de ellos pasaron por mi lado pero se preocuparon lo suficiente como para gritar una palabra o frase motivadora como lo hicieron. Estos son corredores que me inspiran cada día por su dedicación y disciplina. Ellos son los que me impiden tirar la toalla y retirarme del deporte. A todos esos corredores: ¡GRACIAS por tener tal efecto en mi espíritu y mi alma! ¡Estoy por siempre agradecido por tu amor y apoyo incondicional!

Wings for Life es la única carrera en la que tantos corredores de tantos países diferentes corren al mismo tiempo y por una causa común: la investigación de las lesiones de la médula espinal. ¡Corremos por aquellos que no pueden! ¡Mientras corría ayer, le agradecí a Dios por la oportunidad de hacer algo que realmente disfruto con buena salud y en compañía de mi esposo y tantas almas hermosas e individuos talentosos que llamo mis maravillosos amigos!

Esta gran carrera, patrocinada por Red Bull, tiene un propósito: ayudar a la investigación de la médula espinal. Es traer esperanza a alguien que no tiene la facilidad de caminar o correr como nosotros. Necesitamos estar agradecidos porque podemos correr, podemos movernos. Pero no olvidemos aquellos que no pueden correr, que no pueden moverse y que no tienen lo que tenemos. Hay un propósito para Wings for Life, hay un propósito para todo. Mi pregunta para ti es, ¿cuál es tu propósito?

Nuestro propósito no significa hacer cosas gratis para otras personas. Significa poner nuestros talentos al servicio de los demás. Significa desarrollar nuestros dones. El beneficio es monetario o solo vendrá la realización personal. El éxito significa desvincular el resultado de la acción; la verdadera recompensa está en hacerlo, no en el resultado.

Nuestra carrera en la vida

En la pequeña ciudad de Trogen, Suiza, una de las personas que más admiro salió a correr con un grupo de amigos y simpatizantes para celebrar el aniversario de Helimission. La carrera los llevó a través de pastos verdes de colinas onduladas de la pradera suiza, donde hermosos parterres decoraban las ventanas de pintorescas casas tradicionales, las vacas marrones yacían en los campos y los vecinos se saludaban. Los coros africanos y los jóvenes suizos esperaban en la línea de meta; Este era el hogar de Helimission. Se llama Ernie Tanner y tiene una de las carreras más interesantes de la vida. Su carrera comenzó cuando entregó su vida al Señor cuando estaba viendo las noticias de la guerra de Vietnam y vio cómo los helicópteros rescataron a los heridos. Dios le dio la visión de usar helicópteros como una herramienta para llegar a lo inalcanzable, para ofrecer ayuda humanitaria en lugares tan remotos que tomarían días, semanas o meses para que llegara cualquier ayuda. Ernie vendió su casa y compró un helicóptero para ir a Camerún y ayudar a los misioneros con su trabajo. En ese helicóptero, aprendió a volar y con solo alrededor de 25 horas de tiempo de vuelo, comenzó el viaje de su vuelo en solitario desde Suiza a Camerún.

Apenas unos minutos después iniciar el vuelo a Camerún, tuvo que aterrizar en una granja. No puedo imaginar el aspecto del dueño de la casa cuando vio un helicóptero aterrizando en su patio y un joven piloto salió a preguntar direcciones. Ese fue solo el comienzo del viaje que llevó a Ernie a través del desierto del Sahara sin GPS ni aeropuertos a lo largo de la ruta para repostar. Ernie tenía que confiar en la gente. El día antes del vuelo, se encontró con una persona que conducía un camión para que transportara su combustible y se lo entregara en algun lugar en medio del desierto. Esa persona podría correr fácilmente con su dinero o no estar en el lugar correcto en el momento correcto, pero Ernie confiaba en él y más que eso, confiaba en Dios para llevarlo al otro lado. Ahora, Helimission tiene bases en diferentes países con familias que dejaron una vida cómoda para responder al llamado que Dios ha puesto en sus vidas y para correr sus carreras. Algunos de los países donde Helimission ha traído sus alas de ayuda son Chile, Camerún, Kenia, Etiopía, Madagascar, Indonesia, Papua Guinea y Albania.

Al igual que Ernie, todos nacemos con un propósito en nuestras vidas. Dios nos conocía desde antes de nacer, nos formó en el vientre de nuestras madres e hizo nuestro ADN. En mi vida he estado involucrado en pocos accidentes que podrían resultar fácilmente en algo más serio que lo que sucedió. Tuve un accidente con mi hermana y mi tía cuando volcamos en un auto. Estábamos girando en medio de una autopista, y cuando nos detuvimos, salimos del auto que se estrelló sin un solo rasguño. En otra ocasión, fui expulsado de un automóvil cuando el conductor, mi amigo, perdió el control en una carretera mojada después de un duro frenazo para evitar golpear a un perro que cruzó frente a nosotros. Empecé a rodar cuesta abajo de una montaña, y cuando me detuve a unos cientos de metros, me levanté sin un solo rasguño. En otra ocasión, cuando tenía 15 años, fui atropellado por un autobús y llevado a un hospital donde me declararon muerto. Desperté horas después sin un solo rasguño. Estuve involucrado en muchas operaciones militares con granadas explotando cerca de nuestra zona de aterrizaje, balas cruzando por todo el lugar y ni un solo rasguño. Todas estas experiencias las viví porque Dios estaba protegiendo mi vida. Él me creó con un propósito y me estaba protegiendo para que pudiera lograr ese propósito. Sin embargo, no todas las historias son iguales. La hija de mi primo Robert, murió a la edad de diez años a causa de un cáncer, pero sé que la volveremos a ver. Incluso en esa corta vida, ella logró su propósito. Podríamos pensar que Dios no es justo y preguntarnos por qué las cosas suceden de esa manera. Nuestra vida es solo un pequeño lapso de la eternidad, y fuimos creados con un propósito para el poco tiempo que pasamos en la tierra.

María Beatriz es otra hermosa historia de cómo encontró un propósito en la vida y en la carrera. Ella vino a los Estados Unidos hace unos 9 años, viniendo de una rutina normal donde las cosas transcurrían sin incidentes y no involucraba mucho ejercicio. El ejercicio fue espontáneo, clásico yo-yo, con altibajos. Cuando vio a su padre, a su madre y a su hermana haciendo deporte, sintió que sería algo bueno para ella, pero al mismo tiempo imposible. El desequilibrio que resultó de estar en un nuevo país resultó en algunos kilos de más. Cuando nació su primer hijo, se plantearon nuevos desafíos en su vida. La terapia especial de su hijo y los horarios de manejo fueron estresantes, por lo tanto, sus primeros sentimientos de ansiedad se experimentaron. Me identifiqué con ella cuando dijo que sentía algo como un miedo inexplicable o que la inquietud la superaba. Las cosas cambian cuando su hermana Mónica, una maratonista, la invitó a correr. Su respuesta fue: "Eso no es para mí, pero lo intentaré". Literalmente comenzó desde cero. Comenzó un plan de ocho semanas, pero realmente, todo comenzó en su mente cuando se puso las zapatillas, abrió la puerta y dio el primer paso hacia una nueva vida llena de fe y determinación.

El enfoque que adoptó Mariabe fue como hacer la tarea; No podía acostarse por la noche sin hacer los deberes. Comenzó a hacer intervalos de caminar-correr-caminar y poner marcadores en un buzón para comenzar. Probablemente pensó en el próximo buzón que iba a morir, pero si sobrevivía, intentaría llegar al siguiente buzón. Y ese día en sus primeros 30 minutos de carrera, descubrió que podía lograr un desafío. Ella no murió, así que decidió hacerlo al día siguiente, y al día siguiente, y al día siguiente. Se convirtió en una disciplina y un compromiso. Ahora, Mariabe ayuda a muchos a alcanzar los mismos objetivos que ella al compartir su historia; eso la hizo responsable. Eso hace que los días se conviertan en semanas y las semanas en meses. La motivación era la idea de competir consigo misma, la idea de ser cada vez mejor; ¡Kaizen! La mejora pasó de correr un minuto y caminar un minuto, a correr seguido durante 5 minutos, 10 minutos y luego 15 minutos. Cuando corrió 20 minutos seguidos por primera vez, lloró. Era el cambio en su mente, la certeza de sí, ella puede hacer esto. Ella creía en sí misma y lo imposible ya no estaba allí. Ella estaba lista para sus primeros 5 km. Pero antes, hizo una carrera de práctica con un tiempo de 45 minutos que nunca olvidará, y luego la Carrera de color con un tiempo de 38 minutos. Ella tomó una foto de sus zapatos y dijo: "¡Finalmente encontré algo que me hizo sentir feliz!"

Ella se estaba preparando para hacer una carrera, y ¡boom! Estaba embarazada de nuevo. Más cambios y nuevos desafíos. Tuvo que dejar de correr por un tiempo y el estrés comenzó a aparecer nuevamente. Recordó cuando corrió y cómo se sintió bien y dijo: "Siempre quiero sentirme así, siempre quiero sentirme bien". Y comenzó a entrenar nuevamente. Se impuso a sí misma la disciplina del entrenamiento. La única diferencia esta vez es que lo hizo más por obligación que por placer, por lo que dejó de correr. Es como nuestra relación con Dios; en el momento en que comenzamos una relación basada en formalidades y obligaciones; Dejamos de hacer algo divertido. Mi deseo de estar en la presencia de Dios es porque es algo que disfruto y que busco, no algo que se me impone.

Por un tiempo, Mariabe, no se sintió muy bien. Ella comenzó a correr de nuevo lentamente, aumentando poco a poco. Esta vez, el cambio fue de hacer la tarea de tomar medicamentos, y con la ayuda de Dios, esto trajo nueva energía a Mariabe. Ella se convirtió en una corredora 100%. Ella ve correr como una herramienta para la salud mental. Con todas las cosas que deben hacerse en casa con los niños, con el trabajo o la casa, es difícil adaptarse. Es más difícil comprometerse que hacer espacio para ajustar el horario. Pero ella eligió el compromiso. El tiempo que pasó corriendo se convirtió en una parte no negociable de su vida. Al principio, tuvo que lidiar con la ansiedad y cuando salía corriendo, vio ansiedad y miedo como espectadores con rostros feos detrás de la cerca, mirándola con la intención de alcanzarla pero detenida por la cerca. Ella comenzó a pensar que tenía el control y que esos temores y ansiedad nunca podrían atraparla. Siempre estaban allí, pero ella tenía el control absoluto de todo lo que la rodeaba. Correr la ayudó porque correr solo depende de ti. Comenzó lentamente con un 5k, luego más. Las visitas a su terapeuta se volvieron menos frecuentes y luego llegaron sus primeros 10k. Ahora, corre tres días a la semana y combina ejercicio con yoga o spinning.

En este proceso, Mariabe se dio cuenta de que tenía una misión en su vida. Ella quería ser quien realmente es, y eso se une en su propósito en la vida. Es parte de su identidad, por lo que comenzó a trabajar para desarrollar ese propósito. Todo en la vida requiere trabajo y preparación. Correr un maratón requiere trabajo y preparación. Para ella, el día comenzó cuando compartió su experiencia con personas en las mismas circunstancias. Después de un año, se vio a sí misma no como era antes; En el espejo, vio a una persona mucho mejor. Mariabe estaba agradecida con Dios por lo que vivió. Ella comenzó a compartir todos sus ejercicios y consejos en su página social. Muchas personas acudieron a ella y sintió que si podía ayudar a alguien a sentirse mejor y superar las dificultades de su vida, sería la persona más feliz del mundo. Esa era su misión en la vida y no había nada que le impidiera encontrar una manera de continuar con su misión. Ella comenzó a pensar en un nombre para su sueño, y se dio cuenta de que cuando salió a correr, volvió a ser una madre más feliz. Por lo tanto, ella lo llamó "Carrera Feliz, Madre Feliz". Es una organización que ayuda a las madres a lidiar con su estrés, miedos y ansiedades. Ella comparte consejos con un enfoque en el desarrollo personal y el uso de correr como una herramienta para tener un cuerpo y una mente más saludables. Ella no es una entrenadora profesional; ella solo comparte su corazón. Este año, comenzó un desafío llamado 100 Días de Movimiento Felices donde las personas se comprometen a moverse y hacer ejercicio, incluso si solo caminan 30 minutos todos los días, durante 100 días. Ha sido un gran éxito; Muchas madres han comenzado a correr y dejar un estilo de vida sedentario. Cada 100 días es una nueva edición, ahora, ella está en la tercera edición. El grupo se reúne para correr los sábados además de sus propias rutinas los días de semana. Se motivan mutuamente y realizan un seguimiento del progreso y brindan retroalimentación sobre sus propias experiencias y cómo se las han arreglado para mantenerse al día con sus actividades y aún hacer tiempo para hacer ejercicio.

Mariabe se ha convertido en una bendición. Siempre ha tenido un apoyo positivo de sus amigos, principalmente de su hermana Mónica y su madre, una persona que a pesar de las adversidades, siempre ha tenido una actitud positiva. Ahora, ella es el apoyo de muchos otros. Tuvo muchas pruebas que han hecho realidad su mensaje y la han convertido en la mejor versión de sí misma.

La carrera es el resultado de la preparación. Es la celebración. Una medalla significa algo diferente para todos, pero todos ganan cuando logran algo que se han propuesto hacer. En la vida, también necesitamos preparación, consistencia, prueba y error. Muchas veces, tendrás deseo y motivación y, a veces, lo harás solo porque sabes que es algo que debes hacer. Te enfrentarás a obstáculos, pero debes hacerlo. Necesitamos tener alegría cuando pasamos por pruebas, sabiendo que la prueba de nuestra fe produce paciencia y carácter.

Nada es demasiado pequeño

Cuando escuché que mis hijos se ofrecían como voluntarios para actividades como ayudar a limpiar las aulas de la escuela durante las vacaciones de verano, o empacar comida y ropa para enviar a Venezuela, o regalar agua en una carrera, me sentí muy orgulloso y feliz de ver que están regalando algo para otros. Podemos encontrar un propósito en nuestra vida, pero cuando se trata de hacer algo por alguien más, es realmente un propósito mayor; estás corriendo la carrera real, y puedes correr con un propósito. Puede ser algo tan pequeño como participar en una carrera que le da los beneficios a una organización. Por ejemplo, Wings for Life da el 100% de las entradas a la investigación de la médula espinal. O puedes recaudar fondos para una organización benéfica o ayudar a alguien a completar su carrera.

Muchos de mis amigos más queridos son de Venezuela. En este momento, el país está pasando por una situación muy mala; Un país que alguna vez fue próspero está al borde del colapso y muchos han optado por irse. En este momento, más de 50,000 personas cruzan la frontera hacia Colombia diariamente en un solo punto. El éxodo lleva a estas personas a través de la frontera caminando con sus maletas y dirigiéndose a otras ciudades de Colombia, Ecuador, Perú. Deben cruzar las altas montañas en medio de condiciones climáticas difíciles y cruzar el páramo para llegar a Bogotá. Muchos otros de Venezuela se están estableciendo en ciudades de todo el mundo como Madrid, Miami y México. Muchos de ellos hacen trabajos dificiles y puedes pensar que no es su carrera, pero las cosas suceden y lo menos que podemos hacer es ayudar, incluso con algo pequeño.

A veces recibo un mensaje de texto de mi amigo Salvador que dice que recibió algunos pasteles gratis y me pregunta si podemos llevarlos a las personas sin hogar. O recibo un mensaje de texto de mi amigo José o Mariela para recoger medicamentos, ropa o comida para enviar a Venezuela. Mi amiga Patty recolectó ayuda para enviarla a Puerto Rico después del huracán que azotó la isla. Nuestra ayuda puede ser algo grande o algo pequeño; incluso dar una propina, una sonrisa, una visita a un amigo enfermo, enviar una nota de aliento, básicamente cualquier cosa que quite los ojos de ti para hacer algo por alguien más es una bendición. Cada vez que haces algo por alguien, estás dando un paso más en tu carrera. Para aquellos que sufren o atraviesan tiempos difíciles, es difícil pensar que corren su carrera. Se siente más como si estuvieran atrapados. Pero con fe y la creencia de que podemos confiar en Dios y que hay calma después de la tormenta, podemos hacer lo mejor que podemos hacer en lo que sea que nos hagamos al ayudarnos mutuamente.

Lo que Vemos Comenzó con lo que no Vemos

Todo comienza con un sueño. Todo lo que está en el ámbito de lo que vemos, sucedió antes en el ámbito de lo que no vemos. La silla en la que estás sentado, el edificio donde estás, cualquier cosa. Antes de que algo suceda, una persona lo piensa, lo diseña, lo dibuja y luego sucede. El maratón de Nueva York, por ejemplo, es el producto del sueño de un hombre. Es el mayor de todos los maratones, al menos en números. Mi tercer mayor mundial fue el maratón de Nueva York.

El maratón cruza los cinco distritos de Nueva York. Todo comenzó cuando un hombre de Rumania llamado Fred Lebow tuvo la idea de organizar una carrera de cuatro circuitos alrededor de Central Park. El primer maratón de Nueva York fue en 1970, tuvo 55 finalistas y ha crecido hasta tener más de 50,000 finalistas en 2018. Personas de más de 80 países vienen a la carrera. Para Fred Lebow, su verdadera carrera fue la carrera misma. Estuvo involucrado en la industria de la confección, pero su propósito en la vida era el funcionamiento organizado;

fue para producir otro de los íconos de Nueva York. Fred encontró correr como un oasis en su vida. Central Park fue su inspiración, pero quería llevar la carrera al Bronx y a los otros distritos. Quería traer el mundo a la carrera y expandir sus horizontes. Es la misma idea de avanzar o hacer algo mejor y algo más grande. Es como la oración de Jabez; donde Jabez le pide a Dios que lo bendiga y amplíe su territorio. Eso está en el corazón de Dios para ampliar nuestro territorio, nuestro círculo de influencia, nuestro desempeño y nuestro legado. La tarifa de inscripción para la primera carrera era de aproximadamente 50 centavos por dólar, y había menos espectadores que corredores. Las ideas locas de Fred como «Mini maratón de tres piernas locas» para promover la carrera entre las mujeres ayudaron a lanzar la carrera a un nivel superior. El Maratón Gal Mini de 6 millas atrajo a más de 1,000 participantes y fue un éxito total. El círculo de Fred se convirtió en el Club de Corredores de New York y fue casi como una fraternidad.

Fred trabajó muy duro y no hubiera hecho lo que hizo si no fuera por la ayuda de los voluntarios que dedicaron largas y duras horas de trabajo. En 1975, Central Park ya no era adecuado para la maratón; la cantidad de personas era tan grande que los jueces no pudieron mantenerse al tanto de quién era quién y cuántas millas estaban completando todos. El maratón de Boston se convirtió en la inspiración para llevar el maratón de Nueva York a las carreteras. El objetivo era celebrar el Bicentenario de 1976 llevando el maratón a los municipios. La situación financiera de Nueva York estaba en mal estado y habia un ambiente de tensión y de crimen en el Bronx, así como en otras áreas de la ciudad. La idea de correr un maratón por esas áreas se consideraba muy peligrosa y arriesgada, casi como correr por tu vida. Pero el evento se volvió gigante. El Club de Corredores de New York no tenía el dinero o los corredores que Fred aseguró a los medios que tenían, por lo que fue a buscar patrocinadores e invitó a corredores de élite para atraer a más personas. Fred fue brillante al lograr que las personas se involucraran y les hizo sentir que la carrera les pertenecía. Fred persuadió a los muchachos de barrio, casi como pandilleros, para que se convirtieran en mariscales de la carrera. Dos mil participantes llegaron a la primera carrera a través de los cinco municipios en 1976. La carrera fue un éxito y Bill Rodgers obtuvo el primer lugar. La gente de Harlem cambió la hostilidad por abrazos. La carrera coincidió con el renacimiento de la ciudad y llevó la carrera a los pasos de muchos en Estados Unidos. Fred estaba volando en su carrera, su verdadera carrera y el propósito de su vida. Trajo unidad, paz y armonía a los cinco distritos de Nueva York. Los números se duplicaron año tras año cuando los corredores internacionales comenzaron a llegar. Otras grandes ciudades siguieron a Nueva York, como Londres y Chicago, donde abrieron la puerta a la carretera. Fred Lebow corrió alrededor de 68 maratones, pero no el que él organizó, por estar tan ocupado coordinando el maratón de Nueva York que nunca podría correr. En 1992, celebró su 60 cumpleaños corriendo la maratón de Nueva York por primera vez después de ser diagnosticado con cáncer cerebral. Murió en 1994, pero logró su sueño, corrió su carrera y cruzó la línea de meta.

Pasa la Bendición

Uno de los grandes propósitos que tenemos en la vida es pasar nuestras bendiciones. Deberíamos ser como un río que toma agua de un lado y la deja correr para verter agua del otro lado. Dios nos ha creado de esa manera; no queremos ser como un estanque que toma agua de un lado y no deja que salga agua. El estancamiento hará que el agua se vuelva desagradable. Si alguien me ha ayudado, es para que pueda ayudar a alguien a cambio. Cuando comencé a correr, muchas personas como Christina, Marcela y el entrenador Luis me ayudaron a mejorar. Pero ahora era mi momento de ayudar, incluso si eso significaba compartir lo poco que sabía. Cuando comencé a estudiar el Método Maffetone, algunas personas se acercaron a mí para preguntarme qué estaba haciendo y mejoraron mucho mi carrera. Aprendí cosas buenas del Dr. Maffetone y el entrenador Luis, y quería compartir eso. Comenzamos un pequeño grupo para ponerlo en práctica juntos. Fue muy agradable ver a la gente mejorar. Mi gran y hermosa amiga Luisa, por ejemplo, progresó tanto que la gente notó lo bien que estaba corriendo. La mejor parte no fue realmente su mejora, sino el hecho de que cuando me fui por unos meses, Luisa tomó a la gente bajo su protección para transmitir lo que aprendió. El alumno se volvió mejor que el maestro. Ella tiene un gran corazón por las personas y disfruto ver cómo la bendición pasa de una mano a otra. Somos mejores en la vida si encontramos un mentor para nosotros y si encontramos un protegido, o alguien a quien tomar y alguien a quien dar. Es tan simple, pero tan gratificante. Es bueno inspirar a otros. Recuerdo que cuando fui a trabajar a Houston durante dos meses, hablé con una chica sobre correr y ella me dijo: "Me inspiras. Voy a empezar a correr" y ella lo hizo. Quiero inspirarte para que quizás escribas un libro, comiences un blog, compartas tu fe para motivar a otros, para comenzar a correr o para comenzar algo diferente.

Las bendiciones pasajeras pueden suceder en cualquier momento de nuestro día. Puede ser algo simple para nosotros pero de gran impacto para otros. Cuando Marcela corre como marcadora de paso, recuerda que puede marcar la diferencia en los demás. Durante el Maratón de West Palm Beach 2018, tuvo la carrera más emotiva como media barredora de maratón. Comenzó con unos 12 caminantes, donde unos seis de ellos en un equipo que llevaba la bandera estadounidense. Otros eran de Aquiles y otras mujeres en su viaje de pérdida de peso. Aquiles en sí es una organización con un propósito. Empoderan a las personas con discapacidades físicas para que logren sus logros personales en la ejecución de eventos. El programa se enfoca en correr, pero correr es solo una herramienta simple para traer esperanza, inspiración y alegría en el logro.

Necesitamos vivir en un mundo simple y simplificar las cosas. Las cosas necesitan fluir. Si hay demasiada frustración y estrés, tal vez no sea el momento adecuado y tal vez no sea así. Sí, tenemos que ser persistentes, tenemos que luchar, pero tenemos que dejar la carga. Necesitamos descansar y es por eso que amo al Señor. Él toma mis cargas, me da descanso en medio de la pelea, la molestia y la molienda. Necesitamos simplificar las cosas y escuchar nuestra intuición. Al correr, decimos: "Escucha a tu cuerpo. Si tu cuerpo te dice que está sobreentrenando, tal vez sea porque eso está sucediendo. Si te dice que te sientes pesado y perezoso, quizás sea porque puedes empujar más. Si algo no se siente bien, tal vez sea porque está sucediendo algo de lo que no sabes". Mi vida es muy simple, todo lo que hago es disfrutar el tiempo con mis hijos, disfrutar el tiempo con mis amigos y disfrutar el tiempo con el Señor. Todo lo que necesito es un par de zapatillas para salir a hacer ejercicio, comer sano, ir a trabajar, y eso es todo. Disfruto de un amanecer, una luna llena, una conversación, un libro, escribir y correr. No necesito ir a lugares lujosos y caros para divertirme; Simplemente disfruto el aquí y ahora. Necesitamos estar contentos y no poner nuestra felicidad en las cosas materiales. Claro, si llegamos a un lugar lujoso, hacemos cosas extraordinarias o tenemos momentos poco comunes; disfrutamos esas cosas. Pero ya sea simple o lujoso, es lo mismo. Si vivimos a propósito, podemos disfrutar la vida de cualquier manera. La vida no necesita ser difícil. Si hacemos nuestra vida más fácil, podemos prosperar, podemos desarrollar todo nuestro potencial y podemos expresarnos. Podemos elegir entre simplificar las cosas o complicarlas. Necesitamos tener la fe de un niño. Los niños son espontáneos porque saben que sus padres los cuidan. Necesitamos que nuestro niño interior salga, deje de estar tan tenso y ansioso, y deje el estrés en el pavimento. Necesitamos ver el vaso medio lleno y no medio vacío. Aprendo de mi pasado, tengo visión de mi futuro, pero vivo en el presente. ¿Cómo sabemos si mañana estaremos vivos? Deberíamos vivir este día como si fuera nuestro último día. Si quiero ser amado, entonces necesito amar. Si quiero ser bendecido, entonces necesito bendecir. Vivo día a día y cosecho lo que siembro.

En su discurso inaugural, el presidente Kennedy dijo: "No preguntes qué puede hacer tu país por ti, pregunta qué puedes hacer tú por tu país". Me gustaría tomar esa idea y decir que no es lo que otros pueden hacer por ti, sino qué puedes hacer por los demás. Lo que siembras cosechas. En Berlín, tuve el privilegio de correr junto al juez Craig Mitchell. Es un ejemplo vivo del poder de dar animo. El juez Mitchell fue a Berlín, no solo para correr el maratón con algunas de las personas a las que ayudó, sino para contar su historia, que es la inspiración para la película Maratón Skidrow. Estaba frustrado porque solía sentenciar a las personas. Pero luego se preguntó qué podía hacer para traer algo de esperanza al lidiar con la causa raíz de las malas decisiones que se convirtieron en malas acciones y terminaron en su corte.

Uno de los acusados a quienes el juez Mitchell sentenció a prisión se le acercó después de su liberación. Le pidió al juez que lo visitara en el Refugio para personas sin hogar de la Misión de Medianoche donde vivía. Después de la visita, el juez decidió comenzar un club de corredores. Pensó que si podía poner en forma a pocos de estos hombres y mujeres y correr maratones, los beneficios se trasladarían a sus vidas personales. Prometió a aquellos que se apegan al programa y se mantengan limpios un viaje gratis para correr en un maratón internacional.

El juez Mitchell sufre de una condición espinal dolorosa y sus médicos le han dicho que deje de correr. Encontró un propósito que es más grande que su dolor. Comenzó el club de corredores y esto le da la oportunidad de cambiar el mundo de una manera que no puede hacer en su propia sala del tribunal. Este peculiar club de corredores hace sus largas carreras en medio de una de las zonas más peligrosas de Los Ángeles. Cuando salen a correr, ven tiendas de campaña para personas sin hogar y traficantes de drogas que viven en la calle. Cruzan las calles con tal vez un par de zapatos colgando de las líneas eléctricas u otro tipo de marca que muestra que han entrado en el territorio de una pandilla peligrosa. El riesgo creó tensión, pero con el tiempo, las personas llegaron a conocerlos y lo que quieren lograr. Los dejaron pasar ilesos.

Las carreras comenzaron en la Misión de Medianoche, donde las personas que casi se vieron obligadas a asistir a los entrenamientos ahora ven el entrenamiento como lo más destacado de la semana. Uno de los miembros tocados por el juez Mitchell es un músico increíble y una vez fue un profesional que tocaba el bajo en una banda de heavy metal. Desafortunadamente, falló su carrera cuando el alcohol y las drogas destruyeron su carrera. Pero no destruyó su vida. Después de perder todo, también perdió la esperanza. Sin embargo, el juez Mitchell le echó una mano. Cuando se unió al club de atletismo pesaba 300 libras, sin nada que perder y solo un sueño en su bolsillo, logró llegar a estudiar música y cine en el Conservatorio de Música de San Francisco.

Otra corredora es una chica que luchó por encontrar una segunda oportunidad con su pequeño hijo. Se mudó a Los Ángeles para comenzar una nueva vida, pero las drogas y la bebida seguían siendo ese muro que no podía pasar. Terminó en el Refugio Familiar Misión de Medianoche donde encontró esa segunda oportunidad. Diría que es donde Dios la encontró con esa nueva esperanza. Su historial criminal la había marcado con cicatrices y la gente dudaba en darle la oportunidad que necesitaba. La gente falla, pero nuestro Dios es un Dios de segundas oportunidades. Cualquier historia criminal puede ser perdonada por Él, y con Él, nuestra vida puede ser nueva. Dios puede hacer un camino donde no hay camino.

El juez Mitchell siguió su corazón para lograr su propósito. Con dos cosas en su inventario personal, su deseo de ayudar a las personas y sus piernas, el juez Mitchell pudo pasar la bendición. Tal vez no somos perfectos, tal vez no tenemos millones o somos famosos, pero tenemos algo. Sea lo que sea, ese algo puede convertirse en una bendición.

Mantente hidratado

Cuando vamos a carreras, tenemos que mantenernos hidratados. Encontramos agua cada milla. Los voluntarios se levantan temprano en la mañana para poder hacer algo mejor. Deciden conducir hasta el lugar, gastar su propio combustible, pagar su propio estacionamiento y levantar cajas, botellas y frascos para proporcionar agua a los corredores. Tomamos el vaso, vertimos el agua sobre nuestra cabeza, la bebemos y nos mantenemos fuertes. El invento más revolucionario de todos los tiempos es el acueducto. Vas a varios lugares de tu casa y abres una válvula, ¡y boom! El precioso líquido sale. Puedes beberlo, puedes cocinar con él y puedes lavarte con él. En lugares como La Guajira, Colombia, las cosas funcionan un poco diferente. Si hay un río cerca, toma dos frascos de cinco galones y camina horas hasta el río.

Llenas los frascos y los traes a casa para hervir el agua. Todavía quedan muchas partículas en el agua. Algunas personas Wayuu no tienen un río cerca, por lo que el sistema es diferente. Abren un agujero en el suelo, pasan muchas horas o días cavando la tierra y luego esperan. Cuando llega la lluvia, los agujeros se llenan, y de ahí obtienen su agua.

La Guajira en Colombia es una península en la parte norte del país y se comparte con Venezuela. El agua azul esmeralda del mar Caribe rodea este vasto desierto. Los niños de los Wayuu viven allí en pequeños asentamientos llamados rancherías. Desde lejos, podían ver el viento soplando y la imagen de alguien que iba en bicicleta en su camino. Lo que inicialmente fue un espejismo, se convirtió en una mujer vestida a la moda local. Su vestido ondeaba como una bandera mientras movía los pedales con gran esfuerzo. Los neumáticos de la bicicleta eran más grandes de lo normal para obtener tracción en la arena, era una bicicleta de playa que requería más esfuerzo y daba menos velocidad. A medida que se acercaba, los niños reconocieron la cara bronceada de Alexandra que arrastraba un pequeño remolque con algunos libros. Le dieron la bienvenida a Alexandra con un poco de agua para calmar su sed después de su largo viaje de 20 millas. Después de un pequeño descanso, Alexandra saludó al grupo de niños y comenzó a enseñarles y leerles. Antes de irse, tomó los libros que dejó la semana anterior y los reemplazó por los que trajo consigo. Estaba lista para llevarlos a otra ranchería.

El pueblo wayuu ha sido afectado por la crisis actual en Venezuela; la frontera está cerrada, no hay comercio, y los niños y los ancianos tienen desnutrición. Para los Wayuu, el principal éxito está en su muerte. Su riqueza está en su tierra y su ganado. Un funeral puede tomar hasta un mes de celebración. Celebran su muerte porque es la línea de meta. Cuando alguien muere, muchas personas de otras rancherías vienen a estar con la familia y a celebrar la carrera que han terminado. Tienen muchas tradiciones, pero ahora tienen nuevos sueños que han encontrado a través de la educación y los libros.

La primera vez que Alexandra vino a La Guajira fue con su familia. Se mudaron allí desde su ciudad natal en Bogotá porque el esposo de Alexandra aceptó un trabajo como ingeniero. Después de terminar su contrato con la compañía, la incertidumbre llegó al futuro, pero recibió una respuesta de una muy buena compañía internacional. Se estaban preparando para comenzar un nuevo viaje. Un día cuando la familia estaba cenando, el esposo de Alexandra comenzó a toser sangre. El cáncer que se propagó en cuestión de meses le quitó la vida.

Ahora, como viuda, Alexandra decidió hacer lo que ella y sus hijos querían hacer: regresar y continuar su carrera. Sin saber cómo, comenzó a traer libros que había acumulado de su trabajo en las escuelas de Bogotá.

Con pequeños pasos, comenzó con pocos libros para llegar a una familia, y luego más niños y más libros. La gente encontró la manera de ayudar y poner su pequeña contribución. Una estación de radio sabía sobre el trabajo de Alexandra y comenzó una campaña para recolectar libros en todo el país. Los libros se derraman, justo cuando el agua se derrama. Fue una pequeña contribución, unas pocas vueltas y unos pocos dólares. Pero cada pequeña contribución fue parte de algo que funcionó misteriosamente para afectar la vida de personas que ni siquiera conozco, como la vida de uno de los amigos de César. César es el hijo de Alexandra y su amigo aprendió mucho a través del trabajo de Alexandra. Ahora, César está yendo a la universidad y ha entrado a una competencia para el emprendimiento social juvenil en Colombia.

Bueno, mi propósito es ayudar a tanta gente como pueda. Sucede que conocí a un grupo de ingenieros en Texas que inventaron un filtro que puede filtrar cualquier tipo de agua y lodo, incluso si tiene desechos, heces de animales o algún otro tipo de contaminación. Se puede filtrar para producir agua potable 100% limpia. Ahora tengo cuatro cosas en mi inventario: mi propósito, un deseo de ayudar a las personas, un conocimiento de dónde obtener este tipo de filtros y mis piernas. ¿Qué puedo hacer con estas herramientas? Decidí organizar "Corriendo por Esperanza", una carrera donde nuestros amigos van y corren en un parque. Para cada ciclo, donan dinero para comprar filtros. Enviamos filtros a La Guajira, Colombia el año pasado y este año estamos haciendo lo mismo. Esta vez, vamos a enviar filtros a Guatemala. Entonces, vamos todos juntos a ayudar. Podemos ejecutar, donar y entregar filtros que pueden proporcionar agua limpia para una familia.

Hay tantas cosas que hacer. Hay casi una carrera de 5k para cualquier contribución por muchas causas diferentes. Las personas que han visto su inventario y han preguntado: "¿Qué puedo hacer con lo que tengo?" Para todos ustedes corredores o caminantes, que se han ofrecido como voluntarios, que han ido y corrieron la carrera para apoyar la causa, yo quiero decir gracias. Gracias de parte de todas aquellas personas que has tocado con tu generosidad.

Foto de Friends in Training

Tus metas las puedes lograr por ti mismo, pero es mejor si lo haces con la ayuda de otros.

"Una vez que enfrentes el momento en que quieras parar, prepárate para cavar en lo profundo de tu corazón para buscar esa chispa de energía que te ayude a ignorar el dolor."

Foto de Ana María Villegas

Foto de Luis Tovar

Capítulo 6.
SIN EXCUSAS

No hay limitaciones

Tengo tanta admiración por Nick Vujicic. Es un hombre con una familia maravillosa, sus dos hijos y su bella esposa. Es un hombre feliz que da la vuelta al mundo llevando el mensaje de esperanza y fe. Nick nada muchas vueltas durante la semana, ya que es un ejercicio que lo mantiene fuerte y lleno de energía. Pero no siempre fue así para Nick. Cuando tenía 8 años, estaba deprimido. A los 10 años, intentó suicidarse ahogándose. Todo esto fue porque se sentía diferente. Y él lo es. Es diferente porque no tiene extremidades. En una de sus conferencias, Nick hizo tres preguntas a su audiencia, la número uno, ¿quién eres tu y cuáles son tus valores? Número dos, ¿cuál es tu propósito aquí en la vida? Número tres, ¿cuál es tu destino cuando termines aquí? Y luego dijo: si no sabes la respuesta a esas preguntas, estás más discapacitado que yo.

La historia de Nick es un milagro. Fue un parto difícil de sobrellevar para sus padres. Fue intimidado y su baja autoestima lo llevó al suicidio. Pero más tarde, se convirtió en el capitán de la escuela, obtuvo un doble título y obtuvo un trabajo increíble. ¿Cómo lo hizo? Nick es australiano y ha superado cualquier obstáculo imaginable sin brazos ni piernas. Cada obstáculo se convirtió en una oportunidad. Esa es la forma en que debemos enfrentar los problemas: los problemas no son problemas, son oportunidades. Como a Nick le gusta decir: "Sin brazos, sin piernas, sin preocupaciones, compañero". Si comienza a sentir lástima de sí mismo, sabe que se está concentrando en algo que no debería. Entonces, él renueva su mente. La definición de discapacitado, para Nick, es una persona que no puede hacer nada. Pero Nick es alguien que ha sido capaz de hacer más que muchos a su edad, con más mérito porque debe abordar la vida de una manera diferente, como jugar al golf o conducir un automóvil. El amor por la vida y el entusiasmo de Nick es contagioso. Nick tiene un pie pequeño que lo impulsa cuando está nadando. Le permite conducir, conducir un bote, comer y escribir. Está agradecido por su pequeño pie, está agradecido por lo que tiene. Predica en iglesias y da charlas inspiradoras a personas de todo el mundo y les dice que no importa dónde se encuentre, lo que haya hecho, quién es o por lo que haya pasado, Dios lo sabe. Él está contigo y te va a ayudar.

Dios está a tu lado. Lo sé personalmente. Recuerdo que cuando llegué a Florida hace 28 años, conducía un taxi y tuve que pasar largas horas en el automóvil para ganar dinero. No tuve amigos No hablé con nadie durante semanas, excepto la conversación normal para hacer las cosas. Pero nunca una sola conversación con nadie. Me sentaba en las mesas para comer, solo, mes tras mes, año tras año. Llegué a un punto de soledad y depresión, y no pude soportarlo más. Una noche, estaba tan desesperado que comencé a gritar en el auto a toda velocidad: "¡Dios, ayudame, necesito conocer a alguien!" En ese mismo momento, vi un cartel en la carretera que decía: " Dios está a tu lado" Sentí paz y sentí su presencia. No me sentí solo. Un año después, tuve muchos amigos. Lo curioso es que conduje la noche siguiente al mismo lugar y la señal no estaba ahi. Tenía muchos amigos, pero lo más importante es que tengo a Dios de mi lado y él me ha dado sueños.

Creo que Dios puede traer cosas nuevas a nuestra vida, pero necesitamos facilitar esas cosas con nuestra determinación. Nuestras determinaciones traerán una consecuencia, y la determinación necesita esfuerzo. Para mí, el esfuerzo es hacer todo lo que pueda en mi fuerza para lograr algo y dejar todo lo que está más allá de mi fuerza en las manos de Dios. Terminé el maratón de Chicago en 3:51 con mi récord personal, fue mi PR. Para el último corredor también fue su récord personal. Probablemente más de 9 horas, ambos fuimos ganadores, aunque para él el final fue más emocionante. Cuando Maickel Melamed cruzó la línea de meta, estaba rodeado de personas con banderas, principalmente de Venezuela, su país de origen. Estaba en las noticias y su distrofia muscular no era excusa para no cumplir su sueño. Su mensaje fue: "Lo di todo, lo viví todo y ese es mi deseo para todos, darlo todo, vivirlo todo".

Demasiado Joven

FIT tiene un grupo que se reúne en la pista de velocidad, niños FIT. Está lleno de niños de 4 a 12 años que vienen a practicar y aprender bajo el liderazgo de Marcela, Audrey y Veronica. Hay un entrenador asistente que es muy especial, su nombre es Adrian Gandara. Es un niño de 11 años que comenzó a correr cuando tenía cuatro años. Adrian ayuda a otros niños a correr mejor y también los entrena en estiramientos. Cuando Adrian intentó aprender a andar en bicicleta con las ruedas de entrenamiento, no le gustó mucho. Le preguntó a su padre si podía correr, pero su padre le dijo que no. Quería verlo andar en bicicleta. Sin embargo, Adrian insistió y siguió preguntando día tras día si podía correr. Después de más de un mes de preguntar, su padre dijo que sí. Corrió cerca de tres millas al lado de su padre que montaba la bicicleta. Adrian fue persistente con su padre. Necesitamos ser persistentes. Si le pedimos a Dios y seguimos preguntándole a Dios, él le dará los deseos de su corazón de acuerdo con su voluntad. Y, por supuesto, él no te dará algo que sea dañino para ti o para otros.

Volviendo a la historia de Adrian, Adrian no solo comenzó a correr, sino que hizo ejercicios para mejorar su técnica y resistencia. Cuando tenía siete años, hizo su primera carrera. Obtuvo el primer lugar para su edad y eso lo motivó a seguir adelante. Siguió ganando, y a la edad de 11 años, completó alrededor de 120 carreras. Su carrera más larga fue la media maratón A1A en Ft. Lauderdale con un tiempo de 1:46. Adrian tiene tanta alegría por correr que motivó a su padre, su madre y su hermano a correr, y ahora a veces salen a correr en familia. Dos de sus carreras favoritas fueron un 5K que hizo en 22:14 minutos, un tiempo increíble considerando que era un sendero sobre hierba y tierra, y lo que es más sorprendente, obtuvo el récord mundial de su edad. El segundo fue otro 5K en 20:6, y nuevamente tomó el récord mundial de alguien que se lo quitó un mes después de su primera carrera récord. El sueño más grande de Adrian en este momento es ir a la Carrera Footlocker en 2024, la carrera más grande para estudiantes de secundaria, y luego a los Juegos Olímpicos en 2028. Adrian está enfocado y tiene una visión ya. No hay excusas. Adrian quiere seguir corriendo hasta que su cuerpo no diga más, tal vez 100 años.

Joanny Rodríguez llegó a los EE. UU. A la edad de 11 años. Comenzó a jugar fútbol, pero recibió una rotura en el menisco. Para recuperarse, ella comenzó a correr. Ella se inscribió para un 5K y terminó en 45 min. No tenía el entrenamiento adecuado, pero cuando cruzó la línea de meta, supo que correr era lo que quería hacer de ahora en adelante. Ella comenzó a entrenar para el maratón de Miami. Una vez, cuando estaba haciendo entrenamiento de velocidad en la pista, fue observada por el entrenador del equipo venezolano. Ella fue a Venezuela con él para las pruebas del equipo y fue incluida en el equipo nacional. Ella entrenó en Florida y luego fue enviada por el equipo a entrenar en California; ella estuvo en el equipo durante unos cinco años. Fue enviada a Texas para entrenar con grandes entrenadores nacionales como Bill Collins e Isaac Murphy para prepararse para las pruebas olímpicas de Río. Tuvo un tiempo de 11.02 segundos en los 100 metros, pero desafortunadamente perdió la última prueba por 0.4 segundos y no pudo ir a Río. Ella siguió entrenando y más tarde, Joanny decidió pasar del spring a la distancia. Ahora, Joanny corre ultramaratones; ella pasó de un extremo a otro, de 100 metros a 100 millas. Se convirtió en terapeuta deportiva y entrenadora de técnicas de carrera.

Demasiado Viejo

Hay una corredora en Argentina, su nombre es Elisa Forti. Tiene 82 años y ha corrido el "Cruce de los Andes", una carrera de 100 kilómetros y tres días desde Chile a Argentina, más de 5 veces. Su madre tenía 107 años. Antes de morir, ella le dijo: "¿Cómo vas a hacer la carrera? Ten cuidado". Elisa dijo:" No sé si voy a terminar, todo lo que sé es que voy a comenzar". En la vida, las cosas no suceden a menos que se de el primer paso. Eso se llama fe. Verás, no sabes a dónde te llevará Dios a menos que estés en movimiento. Es como si estuvieras en un caballo, a menos que des el primer paso y pongas el caballo en movimiento, no podrás dirigirlo. Necesitas fe, así que salta y da el primer paso. Un crucero es un bote enorme, pero a menos que esté en movimiento no podrá girar. Dios quiere cambiar nuestras vidas, pero necesitamos estar en movimiento. Tenemos que arriesgarnos, hacer el movimiento, hacer la pregunta, ir delante del micrófono, soltar el freno, hacer el corte, poner el pincel sobre el lienzo, firmar el contrato, tocar la nota. Necesitamos hacer el movimiento.

Cada vez que veo a José Yamamoto, de 73 años, en una carrera, lo veo con emblemas de Perú, su país de origen, en su camisa. Comenzó a correr hace unos 14 años cuando tenía 59 años. Hizo la primera media maratón en 2006 y desde allí ha completado alrededor de 125 medias maratones y 41 maratones completos. Corre cinco días a la semana y combina carreras con ejercicio. Antes de comenzar a correr, su actividad física era mínima, y de vez en cuando iba al gimnasio. Cuando su hijo le sugirió que comenzara a correr, pensó que era una idea loca porque apenas caminaba.

Desde casi ninguna actividad hasta caminar, tratar y correr, José no permitió que su edad se convirtiera en un impedimento para ser un gran maratonista. Él dice: "Si comienzo algo, voy a terminarlo". La determinación y la consistencia son sus lemas. Hizo muchos cambios en su disciplina y su nutrición. Eliminó todos los alimentos procesados y prestó atención a las proteínas, el hierro y los carbohidratos.

José tiene un amigo que recibió un tratamiento médico incorrecto que resultó en un derrame cerebral mientras estaba corriendo. Cuando los amigos que corrían con él lo vieron sufrir un derrame cerebral, actuaron rápidamente. Dejaron de correr y llamaron al 911 y llegó asistencia oportuna. Durante su tiempo de recuperación, José y su grupo lo alentaron. Su amigo, con una fuerte voluntad, volvió a correr, pero esto con la ayuda de José y su grupo. Los amigos que José había conocido mientras corría se habían convertido en hermanos; Ellos son mis héroes. En realidad, muchos conocen a su grupo como los superhéroes, porque se visten como superhéroes. Viajan a nivel nacional e internacional. Están Batman, Superman, Capitán América, Ironman, el Roble del Asfalto, Supergirl, Flash Girl y la hermosa Trueno Peruana. Estos héroes no vuelan ni tienen poderes sobrenaturales, pero son mis superhéroes. Tienen determinación y compromiso y están ahí para sus seres queridos. No estoy escribiendo historias sobre superestrellas, personas que viven en su propio mundo, que pasan la mitad de sus vidas para darse a conocer y la otra mitad para esconderse del público y los paparazzi. Estoy escribiendo historias sobre superhéroes que son personas normales, como tú y yo, que siguen moliendo todos los días, porque la molienda nunca se detiene. Escribo sobre superhéroes porque han dado algo de sí mismos para influir en la vida de los demás. Las personas normales que han sufrido los cambios negativos en la vida y se han elevado a nuevos comienzos. Son superhéroes que dijeron: "No puedo hacer esto yo mismo, necesito tu ayuda".

El momento más difícil para José fue cuando corrió su primer maratón. La distancia fue una eternidad y terminó en 6 horas y 20 minutos. Fue una lucha, pero no renunció. Se planteó el desafío de que el día que terminara un maratón a las 4:30, se retiraría de correr maratones. Puso este tiempo porque lo vio imposible, por lo tanto, nunca se retiraría de la carrera. Lo creas o no, con el paso de los años, ha mejorado su tiempo y su PR es de 4:33, dice que se está acercando a la jubilación, pero si rompe ese tiempo, encontrará otro desafío. José ha leído mucho sobre correr y quiere pasar lo que aprendió. Él comparte sus experiencias con personas que se han cruzado en su camino, y por eso, lo conocemos como el Profesor, "El Profe". Sin embargo, su aliento no es solo con consejos. Una vez, José estaba corriendo con un amigo que estaba corriendo su primer maratón. En la milla 16, su amigo estaba hablando de dejar la carrera y tomar un Uber. José le dijo que no podía darse por vencido, que solo tenían diez millas más para correr. Bueno, terminó poco menos de seis horas y terminó sin remordimientos. El arrepentimiento de no terminar algo es peor que el dolor de pasar.

Wang Deshun, de China, a la edad de 79 años, cautivó a miles de personas con su enérgica y graciosa caminata por la pasarela donde formó parte de un desfile de modas como modelo. Fue su debut en la semana de la moda en China. Llevaba pantalones sin camisa para que la gente viera su cuerpo perfecto que fácilmente podría ser el cuerpo de un hombre de 30 años. Su forma y postura eran asombrosas. Pero no siempre ha sido fácil para Wang. Al principio estaba prosperando; a los 24 años se convirtió en profesor de teatro, a los 44 comenzó a aprender inglés y a los 49 comenzó su propia compañía de pantomima. Pero las cosas comenzaron a cambiar y los tiempos se volvieron difíciles para Wang. Perdió todo y terminó sin hogar en Beijing. El solo tenía dos cosas en su inventario personal, esperanza y determinación. Estaba decidido a reinventarse. A los 50 años, comenzó a ir al gimnasio para cuidar su cuerpo, y cuando tenía 57 años, inventó una nueva forma de arte de esculturas vividas hechas de personas con todo el cuerpo pintado haciendo increíbles poses humanas. A los 70 años, se dedicó por completo al ejercicio y luego a la moda. Wang cree que todavía hay muchos sueños que cumplir. Nunca es demasiado tarde. Si crees que eres demasiado viejo para comenzar algo, es solo una excusa. Un artículo de *The New York Times* describe a Wang como "el abuelo más caliente de China"; él ha remodelado las opiniones de China sobre el envejecimiento. Wang estaba decidido a evitar el estancamiento físico y mental explorando nuevas habilidades e ideas. Otro hábito que he adoptado de Sergio Fernández es la idea de una isla de creatividad. Básicamente, toma una semana al año para escribir, pensar en nuevas ideas y explorar las mejores. Wang dice: "Una forma de saber si eres viejo o no es preguntarte, ¿te atreves a probar algo que nunca has hecho antes?" La naturaleza determina la edad, pero tú determinas tu estado mental.

Rompiendo el muro oscuro

Durante el maratón de Chicago, vi personas que se alejaban para dar paso a una pareja que sostenía una correa. Al acercarme a ellos, noté que uno tenía una camisa marcada "Guía" y la otra persona era un corredor con discapacidad visual. Sentí mucho respeto por el corredor ciego; La idea de Hellen Keller vino a mi mente. Estaba tan impresionado que una persona correría 26.2 millas sin saber que estaba delante de ellos. También me sentí muy agradecido con la guía que ofreció su tiempo como voluntario y corrió la carrera para hacer realidad un sueño para alguien con limitaciones. Me doy cuenta de que las únicas limitaciones son las que nos imponemos.

Si había alguien que no tenía excusas para correr su carrera, era Hellen Keller. En su libro "La historia de mi vida", Hellen Keller describe su autobiografía y cómo pudo construir sobre su realidad para ser siempre mejor. Es una historia de determinación y tenacidad. Hellen vivía en una casa grande en Alabama y disfrutaba de los colores, los aromas, las vistas de flores y plantas del jardín y los frutos de la primavera. Pero un día las cosas cambiaron. Tenía solo dos años cuando se enfermó con una fiebre que la dejó sin vista ni oído. Helen creció con muchas dificultades. Fue frustrante para ella y sus padres la falta de comunicación. Dios le envió un ángel. Una maestra de la Institución Perkins para Ciegos, Ann Sullivan, vino a la casa de Helen y cambió su vida. Ann le enseñó a Hellen a comunicarse con signos de mano. En 1980, Hellen aprendió a hablar usando sus manos para sentir sus labios y lengua para pronunciar palabras. Finalmente, ella dijo su primera frase, «Hace calor». Helen siguió aprovechando su realidad para cambiarla. En 1982, escribió su primera historia, fue a la

Escuela para Chicas de Cambridge y Radcliffe. Estudió muchas materias, incluida la historia del mundo y la gramática latina. Más tarde escribió muchos libros. Hellen tuvo una carrera y fue única. Pero ella no abandonó la carrera. Ella construyó su realidad y cruzó la línea de meta. Hellen vivía en un mundo o en la oscuridad, no podía ver ni oír, aprendió a hablar pero tuvo que usar a otra persona para traducir los sonidos que hacía, era una mujer con una gran forma. Su carrera fue difícil, pero la corrió con amor y propósito. Ella corrió su carrera con obstáculos, pero se enfrentó a los desafíos. Ella dijo: "La vida es una aventura atrevida o nada". ¿Te imaginas a una mujer con tales limitaciones diciendo que la vida es una aventura atrevida? Así es como necesitamos ver la vida: como una aventura, un regalo de Dios, y necesitamos disfrutarla y dejar una huella en el mundo que nos rodea, en nuestros hijos y nuestra comunidad. Es nuestro legado.

Memorizó la distancia de un poste de gol al otro poste de gol al otro lado del campo de fútbol. Fue a correr de noche cuando no había nadie en el campo para asegurarse de que no se atropellara a alguien. La distancia de ida y vuelta era de 1.3 millas. Usando su aplicación de corredor de carrera, sabría cuándo darse la vuelta, qué ritmo mantener y el tiempo. Ahora conocía el ejercicio, pero quería ampliar su territorio y no permitiría que su ceguera se convirtiera en un obstáculo. Simon Wheatcroft, un corredor del Reino Unido, renunció una vez en su vida porque era ciego. Pero habló consigo mismo y dijo: "Nunca más volveré a renunciar". Salió y empujó los límites de lo que es posible. Entonces fue cuando comenzó a correr. No podía estar limitado a correr dentro de un campo de fútbol. Salió a la calle con la ayuda de su aplicación Cuidador de Corredor (Run Keeper) y memorizó cada vuelta del curso. Aprendió dónde estaban los puntos de referencia que indicarían dónde estaba en cada momento de su carrera.

Simon quería asumir el desafío de correr solo, por lo que se acercó a IBM y desarrolló una aplicación con la ayuda de ingenieros para correr en el desierto. Con innovación y fe, podemos encontrar las grietas para derribar las paredes. El muro de oscuridad que rodeaba a Simon, llamado ceguera, no iba a evitar que fuera libre. La tecnología ha permitido que Simon y otros corredores ciegos lo hagan solos, IBM tiene el sistema de reconocimiento de objetos. Google tiene unas gafas que conectan al corredor con las personas en una habitación, que miran en las pantallas lo que las cámaras de las gafas y dirigen al corredor a dónde ir.

Tuvo accidentes y no fue una tarea fácil. Tropezó con los postes, fue atropellado por automóviles, pero siguió adelante. Utilizó todos sus sentidos para conocer su posición, tocando postes, cercas, oliendo diferentes aromas, contando pasos y corriendo sobre las líneas pintadas al costado de la carretera sintiendo una textura diferente bajo sus pies mientras escuchaba pasar los autos. Nunca fue fácil, pero detenerse no era una opción. Los caminos que memorizaba lo llevarían a través de la ciudad, el bosque y los campos abiertos por millas y millas. Su territorio comenzó en el gimnasio, se amplió a un campo de fútbol, luego a una franja de asfalto de 3/4 de milla, más tarde a los maratones de Nueva York y Boston, y finalmente a 100 millas en el desierto del Sahara. No hay límites, no hay excusas.

"Hay elementos en una Carrera que no puedes controlar. Asi que enfocate en aquellos que si puedas"

Foto de Ana Maria Villegas

"El que no se rinde, el que aguanta, incluso abraza el dolor, es el que llega a la meta"

Foto de Ana Maria Villegas

"Estamos tan atrapados con las cosas materiales que olvidamos que las cosas más simples de la vida pueden traer la mayor felicidad".

Foto de Ana Maria Villegas

Capítulo 7
LA LÍNEA DE META

7 estrellas que se convirtieron en 8

Las calles de Caracas estaban ocupadas. La gente corría para cruzar la calle dando paso a la línea de motocicletas que era sólida y larga y dificultaba que los autos giraran a la izquierda porque tenían que romper la línea. Caminando por la acera, Vicky estaba a punto de obtener un jugo 3 y 1 del pequeño bar de jugos. Las remolachas, las naranjas y las zanahorias le dieron un sabor distintivo y delicioso al popular jugo. Esa fue la última parada para Vicky antes de que pudiera llegar al Parque del Este, donde los corredores se reúnen para entrenar. El parque está lleno de áreas verdes de césped abierto, topografía ondulada y un hermoso paisaje densamente arbolado con jardines, murales y lagos, todo a la vista de la magnífica montaña de Ávila. Vio largas filas esperando en la entrada de la tienda de comestibles para obtener lo que fuera posible porque no había casi nada que comprar. El dinero sin valor casi no puede pagar nada. En su camino al parque, Vicky vio a un hombre que vendía decoraciones hechas de dinero para usarlas como recuerdo.

Las cosas han cambiado en Venezuela. La bandera ya no tiene siete estrellas; tiene ocho. Un país que alguna vez fue muy rico en recursos naturales ahora vive en austeridad. Con todas estas preocupaciones, Vicky no puede dormir muy bien; El futuro de su familia es incierto. Pero ella no puede vivir en el reino del miedo. Vicky sabe que Dios está de su lado, aunque puede ser difícil de creer cuando las calles de Caracas están en la oscuridad, sin electricidad, y no hay transporte público ni atención en los hospitales.

La carga de Vicky es pesada porque ella es la cabeza de la familia. Tiene la suerte de trabajar como freelancer, vendiendo sus servicios como desarrolladora web a clientes de toda América Latina. Aunque le pagan en dólares, lo que cobra no es mucho.

Cada vez que Vicky llega al parque a reunirse con sus amigos para salir a correr, se da cuenta de que una persona más no se presenta porque han decidido abandonar el país. Algunos de los amigos de Vicky viven en Estados Unidos y contribuyen a hacer realidad uno de sus sueños: quiere viajar a Chicago para el maratón en octubre. Al igual que muchos otros en todo el mundo, Vicky puso su nombre en la lotería para tratar de conseguir un lugar. ¿Adivina qué? ¡Ella lo consiguió! La noticia fue tan buena que olvidó por un momento el dolor que estaba enfrentando todos los días en Caracas.

Cuando Vicky se reúne con amigos en el parque, tienen que correr en grupos porque es peligroso correr solo, especialmente para las mujeres. A veces tienen que posponer el entrenamiento debido a las redadas en la ciudad, pero eso no impide que Vicky corra. Nada la detiene. Ella comenzó a correr cuando era una niña con su padre, que era entrenador. Ella recuerda con gran amor los días en que corría junto a su padre. Comenzó a correr cuando se unió al Ejército a los 14 años. Era un poco tímido y no hablaba demasiado, pero cuando lo hacía, dejaba salir su sabiduría. Salió todo el tiempo cuando estaba en la corte defendiendo casos como abogado, pero sus valores siempre estaban en conflicto con la corrupción y la forma en que se manejaban las cosas. Le causó tanto dolor lidiar con todas las cosas equivocadas que decidió abandonar el sistema legal.

Al padre de Vicky le gustaba correr y su tiempo de carrera era muy valioso. Lo que más disfrutó fue su tiempo con Dios, su tiempo consigo mismo y su tiempo con su hija. Y aunque no era un hombre de muchas palabras, sus expresiones y su mirada lo decían todo. A veces solo las palabras no son suficientes para comprender completamente los sentimientos de alguien. La comunicación no verbal ocurre de manera inconsciente y espontánea y puede contar más sobre una persona que solo palabras. Con sus ojos y sus manos, él le dijo lo bien que lo estaba haciendo, lo fuerte que era y lo hermosa que se veía con su largo cabello negro atado en una cola de caballo que rebotaba graciosamente a cada paso que daba. Dentro de él había un mensaje que necesitaba salir y salió maravillosamente en sus poemas. Su sueño era dejar un legado con su poesía. Decidió escribir un libro y tuvo la determinación de hacerlo. Fue tan bueno que hay una copia de su libro en Washington. Expresó su corazón no solo con sus poemas, sino también con sus pinturas. Su corazón pacífico estaba estampado en lienzo y su corazón de lucha salió a través del boxeo.

Todo estaba funcionando bien para el padre de Vicky, pero de repente las cosas cambiaron. Desafortunadamente, tiene una condición de salud y tiene que tomar un medicamento que es imposible de conseguir en Venezuela. Sus amigos han hecho arreglos para enviarle la medicina. Él todavía está luchando por vivir. Le enseñó a Vicky más que correr; él le enseñó a pelear. Dentro de Vicky hay un corazón de boxeador, una luchadora que correrá este maratón. El maratón en Chicago y el de vuelta a casa todos los días en el ring que el destino ha traído a Vicky y a muchos otros en Venezuela.

Las calles vacías de Caracas se transforman cuando Vicky y su grupo salen a correr. El grupo, además de ser una forma de lidiar con la inseguridad, ha encontrado una forma de obtener energía de los demás. Caracas es una de las ciudades más peligrosas del mundo con 122 homicidios por cada 100,000 habitantes. "Corredores de Venezuela" es el grupo de Vicky, y para ella y los demás en el grupo, es una salida, para los corredores cansados de no poder hacer ejercicio debido a la inseguridad. Hay entre 300 y 350 corredores que se reúnen para compartir las carreteras de Caracas. Todas las semanas se encuentran, no solo para correr, sino también para hacer yoga y pilates. Es realmente una forma de descansar de la situación política del país y de todos esos sentimientos de preocupación, miedo y ansiedad.

Finalmente llegó el día. Vicky se dirigía al aeropuerto internacional de Maiquetía. Gracias a sus amigos, ella pudo obtener algo de dinero porque es imposible cambiar Bolivares por otra moneda. El aeropuerto parecía vacío. No había nada en los estantes de las tiendas libres de impuestos. ¡Pero era hora de abordar el avión! Una vez que el avión estuvo en el aire, Vicky miró por la ventana la hermosa colina al lado del agua, pensando que la próxima vez que vaya a ver esa colina, será con su medalla del maratón de Chicago colgando de su cuello. Una medalla que les va a mostrar a sus hijos y que traerá a la carrera del miércoles por la noche con los "Corredores de Venezuela" para mostrarles a sus amigos y agradecerles su ayuda durante el entrenamiento.

Después de una serie de largas horas de vuelo y cambios de avión, Vicky pudo ver la Torre Willis, el edificio más emblemático de Chicago, desde la ventana. También conocida como la Torre Sears, es uno de los edificios más altos de los Estados Unidos. Una estructura arquitectónica tan monumental que fue concebida en la mente de un hombre que surgió con la idea cuando jugaba con cigarrillos. Ponerlos juntos a diferentes alturas le dio la idea para el diseño de la torre. El mismo poder en la mente del arquitecto Fazlur Rahman Khan, nacido en Bangladesh, es el poder de la mente que le permitirá a Vicky correr su primer maratón internacional.

Vicky miró hacia el piso de vidrio que estaba construido fuera de la estructura al aire libre para que la gente tomara fotos. Se dio cuenta de una pareja de corredores, un esposo y una esposa. Lo que llamó la atención de Vicky fue que el esposo era ciego. No pudo resistir la tentación de hablar con ellos y les preguntó si iban a correr el maratón. Cuando Vicky se enteró de la historia del corredor ciego, pensó para sí misma: Qué aliento, un hombre que no podía ver, pero dejó que su corazón saliera corriendo. Ella pensó en su padre, un hombre que no podía hablar mucho, pero dejó que su corazón saliera corriendo, en poemas, pinturas y su hija.

Miró la ruta que la llevaría a través del maratón. Ella cerró el puño y levantó el brazo diciendo: "Voy a hacerlo, voy a correr por mi papá, voy a correr por mis hijos y voy a correr por mi país". Y cuando cruce la línea de meta, voy a levantar la bandera amarilla, azul y roja con siete estrellas y voy a gritar, 'Arriba Venezuela, si podemos ' ".

Sonríe al mal tiempo

Al igual que Vicky, en la historia pasada, esta también es una historia ficticia de un corredor esta vez de Fort Lauderdale. A Vince le gusta correr y siempre hace cosas buenas de las cosas malas. Todo funciona para Vince. Una vez, estaba corriendo el maratón A1A de Fort Lauderdale. Las personas en el frente comenzaron con un ritmo muy bueno y fuerte y se separaron del grupo principal por menos de una milla. Vince y los corredores que estaban con él intentaron alcansarlos, pero vieron que los barras bajaban por la calle cuando se acercaba un tren. Intentaron aumentar el ritmo, pero no pudieron hacerlo, el tren llegó primero. No podían creer lo que estaba pasando; la carrera se partió en dos por un tren. Todos se quejaban y se frotaban la cabeza con incredulidad. Pero Vince dijo: "Sabes, al menos puedo recuperar mi fuerza y hacer la segunda mitad más fuerte". No sé cómo la organización pudo detener el tiempo para los que quedaron atrás y reiniciar tan pronto como el tren se fue, pero al final, Vince pudo mantener su tiempo.

Buenas noticias para Vince, ganó la lotería para ingresar al Maratón de Chicago. Se preparó muy bien durante aproximadamente 18 semanas, con días de calor, humedad y días lluviosos en el sur de Florida. Finalmente llegó el día. Se ató los coloridos zapatos para estabilidad, se dirigió al aeropuerto y pensó que si su equipaje se iba a perder, al menos podría quedarse con sus zapatos. Eso es exactamente lo que pasó. El tiempo era bueno en el camino al aeropuerto y tuvo tiempo que matar antes de la hora de salida. Estaba cansado y se durmió en la sala de espera. Cuando se despertó, no vio a nadie en la puerta y el pánico comenzó a entrar. Corrió hacia el mostrador y la señora le dijo que su vuelo había sido trasladado a otra puerta. Corriendo en el aeropuerto, Vince corrió hacia la nueva puerta. Todo el tiempo se estaba frotando la cabeza. Cuando llegó a la puerta, pudo ver la puerta cerrarse mientras se acercaba. Perdió el vuelo, ¡qué fastidio!

Vince tuvo que esperar un nuevo vuelo, pero no salía nada hasta el día siguiente, por lo que la aerolínea decidió ponerlo en un hotel. Por lo menos, la aerolínea le diera una bolsa de aseo y tuvó una noche gratis en un buen hotel.

Llegó el día siguiente y Vince finalmente llegó a Chicago. Fue directamente a la Torre Sears para echar un vistazo a la ciudad que fue sede de esta gran carrera para él y para otros 45,000 corredores. Estaba emocionado de ver desde la ventana la hermosa ciudad y tomó algunas fotos con otros corredores; Había una corredora que vino de Venezuela y una madre que vino de Miami y un corredor que vino de Colombia.

El día de la carrera fue frío y lluvioso. La gente se quejaba de ello, pero para Vince, era la temperatura perfecta. Sonrió ante el mal tiempo y pensó: "Es lo que es". Pero "es lo que es" puede ser diferente dependiendo de cómo lo veas. En la película La vida es bella, "La Vita è Bella", Guido es una persona que ve las cosas desde diferentes ángulos. Pero esa visión se puso a prueba al extremo cuando estalló la Segunda Guerra Mundial en Europa. Se enamoró de Dora y organizó incidentes "confidenciales" para mostrar su afecto por Dora hasta que ella se rindió ante él. Dora estaba comprometida con otro hombre, un hombre arrogante, y en su fiesta de compromiso, Guido la roba y huye a caballo. Finalmente, se casaron y tuvieron un hijo, Guiosuè.

Guido, su hijo y su tío fueron llevados y enviados a un campo de concentración. Su tío fue ejecutado en una cámara de gas. Guido sabía la gravedad de la situación que estaba con su hijo, pero decidió hacer lo imposible para hacer que su hijo creyera que todo por lo que pasaron fue un juego. No digo que tengamos que ver las cosas como si fueran un juego, pero podemos elegir cómo reaccionar ante las situaciones y simplificar las cosas complicadas.

En momentos en que sus vidas estaban en peligro, Guido convenció a su hijo de que estaban en medio de un juego de "escondidas"; protegió a su hijo del horror del campamento. Las cosas se pusieron más tensas cuando los aliados se acercaron al campo de concentración y los soldados alemanes trataron de exterminar a tantos judíos como pudieron. Guido logró mantener a su hijo escondido en una caja como "parte del juego". Tuvieron que correr de un lugar oculto a otro escondido, pero Guido fue capturado y llevado para ser ejecutado. Alcanzó a mirar por última vez a su hijo cuando fue aprendido y decidió guiñarle un ojo, haciéndole creer que todavía estaba en el medio del juego. Guido recibió un disparo y quedó muerto en un callejón. El premio que Guido le dijo a su hijo por ganar el juego fue un tanque. Al día siguiente de la ejecución de Guido, Guosuè salió de la caja donde se escondía cuando escuchó a un soldado estadounidense que liberaba el campamento. No quedaba nadie excepto Guiosuè. Fue llevado al tanque con el soldado estadounidense a la libertad. Ganó el juego y el premio de un tanque. Guido perdió el juego y pasó por completo horror, pero decidió hacer que su hijo mirara las cosas de manera diferente para mantenerlo con vida.

Vince también miró las cosas de manera diferente. Le sucedieron muchas cosas inesperadas, pero sonrió ante el mal tiempo. Ahora, él está en su corral listo para comenzar su maratón en Chicago. Hace frío, está lloviendo, hace viento, pero él está feliz de estar allí. Le gusta estar con otras personas que han recorrido un largo camino para estar allí. Está listo para comenzar junto a una chica venezolana llamada Vicky, una madre de Miami llamada Martha, un corredor ciego y su esposa, y un guía. Él está disfrutando del hermoso mal tiempo. Está disfrutando los últimos días de su vida y cumpliendo sus sueños. El médico no le dio más de seis meses de vida y el cáncer quería terminar la carrera de Vince. Pero para Vince, cada minuto es precioso porque "La Vita è Bella".

Date un descanso

Se está haciendo tarde y Martha regresa a casa después de un largo día en su trabajo en la editorial. Su oficina en el piso 13 tiene una gran ventana con una hermosa vista del centro de Miami y el puente de MacArthur. Miró hacia afuera y miró la ruta que la llevaría sobre el puente y de regreso mientras revisaba su plan de entrenamiento en su teléfono celular.

Martha ha estado corriendo desde que tenía 16 años. En la escuela secundaria se unió al equipo de atletismo. Esperaba con ansias las competiciones y la interacción con el equipo. Correr definitivamente era parte de su vida. Después de graduarse, conoció a su novio en la universidad. Cuando se juntaron, se unieron al club de corredores para entrenar y viajar a diferentes carreras. Estaba en forma, se sentía llena de energía, y correr era lo que más le gustaba. Es su tiempo expandiendo su relación con Dios. Cuando comenzó la carrera del día, pasó por un calentamiento. Su ritmo fue con cierto esfuerzo, pero luego comenzó a sentir su ritmo, escuchó su respiración, sintió que estaba en piloto automático. Estaba inundada de elogios y agradecimientos en su corazón.

Martha había corrido varios maratones, todos con algo especial para ella. Pero cuando se estaba preparando para una carrera clasificatoria en Boston, quedó embarazada. Con la llegada de los gemelos, las cosas fueron diferentes. Al principio fue difícil manejar la carga, y se hizo más difícil. Hubo noches con pocas horas de sueño solo para ir al trabajo. Tendría que encontrar un lugar para extraer leche y guardarla para llevarla a casa, tareas, citas médicas, sin tiempo para ella. Se volvió tan difícil que comenzó a tener sentimientos encontrados hacia los gemelos. Ella los amaba, pero no esperaba el tiempo con ellos. Era exigente y agotaba toda su energía. Comenzó a tener algunos signos de depresión y le resultaba difícil incluso realizar sus actividades básicas.

Estaba en un apuro constante y carecía de concentración. Cuando estaba en el trabajo, pensaba en los gemelos todo el tiempo, y cuando estaba con los gemelos, pensaba en el trabajo todo el tiempo. Fue difícil para ella estar presente en el momento. A veces, ella traía problemas de trabajo, al hogar y problemas del hogar al trabajo. Fue una balanza constante.

Martha pudo encontrar un lugar para ella. Su tiempo de quietud era a las tres de la mañana, en presencia de Dios; se sentía como si estuviera junto a un río de agua viva. Su espíritu se fortaleció, su cuerpo se fortaleció después de comenzar a comer mejor, y como su bulimia estaba bajo control, la mesa estaba en equilibrio. Ahora ella quería ese lugar al aire libre, un lugar abierto para disfrutar la creación. Quería pisar el asfalto y dejar que la sangre circulara por su cerebro y su corazón bombeara con fuerza.

Con los gemelos mayores, y su esposo cubriendo el turno de las 4:00 am, Martha finalmente pisó el asfalto. Tenía los zapatos atados, su reloj cargado y sus amigos la esperaban en la pista. Hoy iba a hacer trabajo de velocidad. Wow, solo tres semanas más para Chicago. Su desafío, su objetivo. Este es su propio espacio; Este es su propio momento en el que no tenía que pensar en los gemelos o el trabajo.

Llegó el momento de que Martha se fuera a Chicago y dejó a su esposo para cuidar a los gemelos. Cuando se despidió de ellos, los miró a los ojos azules y dijo: "Son hermosos, tienen algo especial y único, y un día sus sueños se harán realidad, como si mi sueño se hiciera realidad en Chicago". Ese momento se convirtió un recuerdo. Las imágenes de los gemelos estaban en la cabeza de Martha durante el viaje a Chicago, y durante el maratón cuando estaba corriendo, sintió ganas de darse por vencida. Ella vio las caras de los gemelos y siguió repitiendo: "Tienen algo único, tienen sueños y se harán realidad, como si mi sueño se estuviera haciendo realidad. Chicago me está esperando, y voy a ver mi sueño hecho realidad".

Cuando Martha llegó a Chicago, salió a caminar y fue a la Torre Sears. Ella conoció a una pareja que estaba corriendo el maratón. El era ciego y su esposa iba a ser su guía para la carrera. También conoció a una madre soltera de Venezuela y a un hombre de Fort Lauderdale que apenas llegaron a la atracción. Desde la expo, ella fue al hotel. Se acomodó, puso el equipo en la cama para el día siguiente de la carrera y, antes de acostarse, dio gracias a Dios; gracias por estar en Chicago, gracias por los gemelos, por su trabajo y por la gente que conoció en la torre. La mesa no se iba a caer ya que todo estaba en equilibrio. ¡Había tanto por lo que estar agradecida!

Te veo

Ya puedes ver que me gustan las películas. Hay otra película llamada "Avatar". La gente de Pandora tenia un saludo, "Te veo". Se usaba para mostrar cuándo podían ver a través de los ojos y en el alma profunda. A través de ese velo, descubrieron cómo se veía realmente el corazón de la otra persona.

En esta historia, Tony está sentado en el avión junto a su esposa, Jessica. Ella le está describiendo el cielo azul profundo y cómo brillaba el sol en las islas, donde acaban de pasar su luna de miel. Ella le describió la vista porque Tony es ciego. Perdió su visión hace diez años en una operación militar cuando fue alcanzado por una bala. Lo llevaron en un helicóptero Medevac a un hospital base y lo conectaron a una máquina. Durante días, Tony no pudo hablar debido a la recuperación, pero cuando el médico le quitó las vendas y se dio cuenta de que el mundo se veía borroso y diferente, permaneció en silencio durante semanas. El viejo, enérgico y feliz Tony ya no estaba allí. Sin embargo, Tony no quería ser así. Quería volver a ser él mismo. Quería que su vida fuera una aventura atrevida, como dijo Helen Keller.

Cuando Tony regresó a su casa, el trauma posterior al conflicto, más su nueva condición, causó estragos. Pero Tony renovó su mente y se fijó metas para sí mismo. Quería entrenar para correr. Comenzó a correr en una cinta rodante, sosteniendo las barras con las manos. Luego los dejó ir y comenzó a correr con las manos libres. Después de dominar la carrera en la cinta de correr, quería salir. Inicialmente, comenzó a correr en la pista con su perro Tux, un border collie, que parece que siempre llevaba un traje de esmoquin. Finalmente, encontró otros corredores que irían con él. Se sintió libre y rejuvenecido. Le gustaba tanto correr que decidió unirse a una carrera. Pero no sabía qué hacer, ya que Tux no podía ir a la carrera con él. Alguien le dijo cómo encontrar una guía para correr; juntos exploraron Ojos de Corredores en internet y encontró un ángel.

La ayuda estaba en camino; Su guía era Jessica. Comenzaron a correr juntos, sosteniendo una correa. Jessica comenzó a entrenar con Tony y le daría pistas de cualquier cambio en el terreno o de las curvas para tomar. Después de la primera carrera, sincronizaron su ritmo y corrieron al mismo ritmo. Sincronizaron su corazón y se sintieron enamorados. Al acercarse a la línea de meta, comenzaron a bailar, reír y disfrutar el uno del otro. Finalmente, Tony era el mismo que era antes. Tony, con un corazón lleno de alegría, le dijo a Jessica: "Te veo; Te veo, Jessica" La vio a través del velo de su corazón y vio quién era realmente Jessica.

Cuando Tony y Jessica llegaron a Chicago, fueron a la Torre Sears. Jessica describió cómo se veía la ciudad y cómo se veían los ríos, las calles y los parques que iban a pasar durante su carrera. Pensaron en el nuevo desafío y su objetivo era ser guerreros. Se veían a sí mismos como guerreros y mientras escuchaban las historias de personas a su alrededor que hablaban sobre su carrera. Conocieron a una chica de Venezuela que luchaba por sus sueños y los sueños de sus hijos. Y a un hombre que estaba luchando para pasar los últimos días de su vida lo mejor que podía. Cada corredor de la carrera iba a tener lugar al día siguiente y tenía su propia historia. El objetivo era mucho más que correr 26.2 millas, sin embargo, las 26.2 millas eran parte de todo, la verdadera carrera.

La carrera más bella

La vida no es un sprint, es como un maratón con muchas curvas, subidas y bajadas. La carrera real es realmente una carrera de corta distancia. Es una carrera en la que alguien puede llegar al siguiente buzón y, desde allí, al otro. La carrera real es como un interés compuesto, vamos poco a poco, paso a paso. Logramos nuestros objetivos con una serie de pequeños objetivos. Vivimos nuestros años y nuestros meses en función de cómo vivimos en nuestros días. Es en este momento y cómo podemos prepararnos para el momento después de esto. Logramos cosas con pasos de bebé y comemos un elefante una mordida a la vez. Nos preocupamos por el presente y mañana tendrá su propia preocupación. Nuestras vidas serán más gratificantes si vivimos este día como si fuera el último día de nuestras vidas.

Comenzando en Chicago, los corredores intentaron rápidamente ir al baño por última vez antes de que comenzara la carrera. Vicky avanzó para llegar a tiempo a su corral y encontró un lugar en la multitud para comenzar la carrera. Miró a su alrededor y reconoció a Vince, Martha, Jessica, Tony del día anterior en la Torre Sears. Ella les dio una chocada de manos, todo comenzando con la culminación de un sueño que se hizo realidad. La lluvia ligera era el fondo de un hermoso arco iris. Cuando los corredores comenzaron el curso, tuvieron que rodear los charcos, pero llegaron a una calle donde el agua brillaba con el sol. Con cada golpe de sus pies, una salpicadura de agua salía de los bordes de sus zapatos. Por un instante, parecía que los corredores corrían sobre el agua.

Y asi es donde tuvo lugar la carrera más bella: sobre el agua. No fue un maratón; Fue una carrera de 100 metros. No era corriendo, era caminando. La carrera tuvo lugar en un lago, hace unos 2.000 años, donde solo un corredor estaba en la carrera. Se llamaba Pedro. El viento era fuerte, el cielo era gris oscuro y las olas eran grandes. El corredor estaba en un bote como muchas veces antes. Conocía cada centímetro del bote. Fue su vida. Vivió del lago como pescador. Había estado muchas veces en aguas turbulentas, pero nunca en medio de una tormenta como esta. En ese momento, sintió miedo de lo que podría pasar.

Por primera vez en su vida, sintió que no tenía todo bajo control. En medio de la tormenta oyó una voz que decía: "Pedro, ven". Era como si alguien dijera: "¡En sus marcas, listos, fuera!" ¡La carrera comenzó! Tenía miedo de dar su primer paso. Sacó el pie del bote y se adentró en lo desconocido sobre el agua. "Me voy a ahogar", dijo, "pero qué puedo perder. No queda nada que perder" Él creyó y dejó ir su cuerpo. No se hundió y no se ahogó. Algo lo sostenía, así que sacó su segundo pie del bote. Salió de su zona de confort, de su seguridad, puso todo su ser en lo que lo sostenía y comenzó su carrera de 100 metros. El cielo se abrió, las nubes se movieron para revelar que el sol brillaba y las aguas estaban tranquilas. Llegó el arcoíris y se parecía a la calle de Chicago donde Vicky, Vince, Martha, Jessica y Tony estaban corriendo. Se cayó una vez cuando apartó los ojos de Dios, pero se levantó. Las manos de Dios estaban allí para sacarlo del hundimiento y sostenerlo. Avanzó y completó la carrera hasta la línea de meta, la medalla y la recompensa; La recompensa era Dios mismo. Su amor y presencia lo rodearon y sintió el abrazo de Dios, sus brazos alrededor de él, abrazándolo con amor. Su hermosa voz dijo: "Lo lograste. Te tengo, te tengo. No te preocupes, todo estará bien".

A veces tenemos las cosas bajo control, planificamos, actuamos, vemos resultados y la vida es buena. Hemos estado en el mismo barco por mucho tiempo. Pero una tormenta puede venir en nuestro camino y puede ser una tormenta como nunca antes habíamos visto. Podríamos encontrarnos en un lugar donde no sabemos qué hacer ni a dónde ir. Es posible que escuchemos los consejos que la gente nos puede ofrecer, pero parece que las cosas no funcionarán, y podríamos encontrarnos solos donde no hay esperanza. En medio de la tormenta, es donde comienza la verdadera carrera. Los 100 metros caminando sobre la carrera de agua.

El corredor de la carrera más bella estaba en su bote. Las otras personas en el bote estaban demasiado asustadas para moverse. Estaban paralizados. En ese momento de desesperación, él escuchó algo. Escuchó su nombre desde la distancia, a 100 metros de distancia, y eso parecía 1000 metros debido a la tormenta. Escuchó su nombre, "¡Pedro, Pedro, ven!" Era la voz de Dios que lo llamaba por su nombre, porque sabía el nombre de Pedro. Él también sabe tu nombre. Él conoce las arrugas en tus mejillas cuando sonríes, tus pecas, el color de tus ojos, las lágrimas que caen de tus ojos y los pasos que estás dando. Él conoce tus pensamientos, tus sueños, tus problemas y tus sentimientos. Él sabe todo sobre ti.

El sol brillaba a través de la lluvia. A medida que el arcoíris se elevaba, Martha, Vince, Vicky, Jessica y Tony se encontraron nuevamente solos, corriendo contra sí mismos. Abriéndose paso, tenían sentimientos y pensamientos mezclados. Lo que sucederá después, lo que le sucederá a los gemelos, a la familia, al país, a la salud, al trabajo que no está llegando. Pero Dios sabe su nombre, sabe quién es Martha, quién es Vince y quién es Vicky.

La carrera más bonita es la que estás haciendo ahora. No sé si acabas de comenzar, si estás en la milla 5, la milla 12 o la milla 26. Todo lo que sé es que en los próximos 100 metros, estarás listo para los siguientes 100 metros, y los siguientes, y que no estás solo Dios sabe tu nombre, él te está llamando por tu nombre, Él se preocupa por ti, te ama y quiere lo mejor para ti. Pon tus ojos en el premio, mantén tus ojos en Jesús y no te hundirás.

Puedes cruzar la línea de meta y puedes escuchar a la persona que te llama por tu nombre diciendo: "¡Lo lograste, bien hecho!". Quiero felicitarte por todas esas veces que has sido una bendición para los demás, compartiendo consejos, corriendo junto a ellos, esperando a alguien, dando un abrazo, apoyando una causa, regalando su sonrisa y haciendo de este un lugar mejor. ¡Bien hecho! Te digo, ¡bien hecho! Pero no será nada comparado con el momento en que lo escuches de Dios, Entonces, abre tus oídos, abre tu corazón y ten fe en que puedes escuchar esa voz.

Bien hecho amigo, ¡podemos hacer esto! ¡Obtendremos nuestra recompensa, cruzaremos la línea de meta!

Trabajos citados

1. Keller, G. (sin fecha). Papasan, J. (2013). *La única cosa: la verdad sorprendentemente simple detrás de resultados extraordinarios.* Bard Press.

2. Dr. Maffetone, P. (2000). *El método Maffeton. La forma holística, sin estrés, sin dolor para una condición física excepcional.* Prensa de montaña desigual.

3. Bunyan, J. (1967). *El progreso del peregrino.* Grand Rapids: Zondervan Pub. Casa.

4. Biografía.com (2019) *Ben Carson Biografía.* A (PBS Digital Studios, 2016) y E Television Networks. https://www.biography.com/political-figure/ben-carson

5. Burke, Louise y M. Castell, Linda y Casa, Douglas y Close, Graeme y Costa, Ricardo y Desbrow, Ben y Halson, Shona y Lis, Dana y Melin, Anna y Peeling, Pedro y U. Saunders, Philo y Slater, Gary y Sygo, Jennifer y C. Witard, Oliver y Bermon, Stephane y Stellingwerff, Trent. (2019). Declaración de consenso de la Asociación Internacional de Federaciones de Atletismo 2019: *Nutrición para el atletismo. Revista internacional de nutrición deportiva y metabolismo del ejercicio.* 29. 1-12. 10.1123 / ijsnem.2019-0065.

6. Dr. Leaf, C. (2019). *El perfecto tú. Un plan para la identidad.* Ada Baker Compañía de Edición.

7. Dr. Leaf, C. (2009). *¿Quién apagó mi cerebro? Southlake Inprov Limited*

8. Dr. Ratey, J y Hagerman, E. (2012) *SPARK! Cómo el ejercicio mejorará el rendimiento de tu cerebro.* Londres. Quercus Publishing.

9. Proathleteadvantage.com (2019). *6 El campeón de Ironman, Mark Allen, comparte cómo ser valiente ante tus miedos.* https://www.proathleteadvantage.com/Face-your-fears-with-mark-allen

10. Pbs.org (2016). *Science of Marathon Running.* https://www.pbs.org/video/its-okay-be-smart-marathon/

11. Therunexperience.com (2017). *Correr con la pisada adecuada: ¡3 Pasos para Mejorarlo!* https://therunexperience.com/proper-running-footstrike-3-steps-to-improve-it/

12. Tappan, T. y Roth, D. (1983). *El amor no es amor ('hasta que lo des). Realizado por Reba McEntire.* Nashville

13. Lapin, D. (2014) *Secretos comerciales de la Biblia: Estrategias de éxito espiritual para la abundancia financiera.* Wiley

14. McCaw, S. (2014). *Biomecánica Para Tontos.* Hoboken John Wiley & Sons, Inc.

15. Williams, K Ph. D (1985) *Biomechanics of Running.* Revisiones de ejercicio y ciencias del deporte Volumen 13- Número 1- ppg 389-442

16. Therunexperience.com (2019). *Cómo aumentar la resistencia al correr con 6 consejos simples* https://therunexperience.com/how-to-increase-running-stamina-with-6-simple-tips/

17. Galloway, J. (1984) *Libro de Galloway sobre correr.* Bolinas Publicaciones de refugio

18. Saunders, P. (2004) *Factores que afectan la economía de carrera en corredores de fondo entrenados.* deportes med. 34 (7) 465-85

19. Howard, B. y Moore, R. (2016) *Zootopia.* Walt Disney Imágenes

20. Corredorsworld. com. Cathal, D. (2016) *La vida simple de uno de los mejores maratonistas del mundo.* https://www.Corredoresworld.com/news/a20793538/the-simple-life-of-one-of-the-worlds-best-marathoners/

21. Nike.com (2019) *Breaking2: The Documentary.* Nike *https://www.nike.com/us/en_us/c/running/breaking2*

22. Firstpost.com (2012) *Misionero irlandés en el corazón de la meca de Kenia.* https://www.firstpost.com/sports/irish-missionary-at-heart-of-kenyas-running-mecca-384710.html

23. Therunexperience.com (2014) *Característica en el competidor: corrige dos fallas comunes en la forma de correr.* https://therunexperience.com/featured-on-competitor-fixing-two-common-running-form-flaws/

24. Active.com (2019) *10 mejores ciudades para correr en los EE. UU. Https://www.active.com/running/articles/10-best-running-cities-in-the-us*

25. Strayer.com (2014) *Lo que significa el éxito para los estadounidenses (infografía).* Zumbido. https://www.strayer.edu/buzz/what-success-means-americans-infographic

26. Melrobbins.com (2019) *10 preguntas para ayudarte a visualizar tu futuro.* https://melrobbins.com/blog/10-questions-to-help-you-visualize-your-future/

27. Prestatupierna.org (2019) https://www.prestatupierna.org

uy bien, podemos hacerlo.
Podemos cruzar la línea de llegada

Foto de Luis Tovar

You are not what you achieve, you are
what you overcome.

Foto de Ana Maria

Printed in the United States
By Bookmasters